자기주도학습을 완성하는
초등 습관의 힘

자기주도학습을 완성하는
초등 습관의 힘

이유진 지음

프롤로그

2020년 코로나가 기승을 부릴 무렵 복직을 하고 맡은 6학년 담임. 새로운 마음으로 오랜만에 아이들을 만나게 되는 터라 한창 들떠 있던 마음이 아직도 생각납니다. 코로나로 어려움이 많은 교직 생활이었지만 그 어느 때보다 마음이 즐거웠던 한 해였습니다. 새롭게 깨닫게 된 인생의 법칙들에 대해서 아이들에게 알려주는 것이 좋았습니다. 담임선생님이라는 위치는 언제든 내 말을 들을 준비가 된 경청자들이 있다는 존재임을 깨닫고 나니 제가 가진 직업이 새삼 다르게 느껴졌습니다.

'배워서 남준다'는 말을 매일 실천하는 사람이 교사라는 직업입니다. 하지만 제가 하는 말들은 늘 공기 중에 흩뿌려졌습니다. 제 강의가 녹화되는 것도 아니고 수업 중에만 살아 있는 말이었기 때문입니다. 생산적인 일을 하는 것 같은데 결과적으로 남는 것은 없음이 허무했습니다. 그런데 글로는 이것을 잡아둘 수 있겠다는 생각이 들었습니다. 이 책은 제가 복직하고 처음

만났던 6학년 아이들을 보내면서 그들에게 못 다한 말과 우리 반 아이들에게 잔소리처럼 했던 이야기들을 차곡차곡 쌓아 만들었습니다.

졸업식 날 출판사로부터 출간 제안 전화를 받고, 또 다른 졸업식을 준비하는 지금 첫 책의 출간을 기다리고 있습니다. 아이들에게 항상 바라는 일을 꿈꾸고, 그 일을 꾸준히 실천하면 언젠가는 이루어진다는 것을 이야기하는데, 그것을 실제로 증명할 성과를 이루어냈음에 스스로 칭찬해봅니다. 부족하지만 저의 작은 깨달음을 정리한 이 글이 누군가에게 도움이 되었으면 합니다.

책이 출간될 수 있도록 애써주신 북센스에 감사드리며 항상 저를 믿어주고 저의 꿈을 응원해주는 남편에게 감사한 마음을 전합니다. 한결같은 선생님의 잔소리에 지칠 법도 하지만 늘 제 이야기를 경청해주고 최선을 다해 열심히 살아가고 있는 우리 반 아이들, 그리고 저의 소중한 두 아이가 건강하게 자라기를 기도합니다.

2022년 봄
이유진

차례

프롤그 · 4

1교시 초등 고학년의 봄: 우리 아이 생활습관 만들기

1   초등 고학년의 봄 방학
새 학년 새 학기를 위한 생활습관 정비하기 · 14

'미라클 모닝'을 시작하다 · 15
규칙적인 사이클은 꼭 필요하다 · 19
가족이 함께 규칙을 만들자 · 22
 가족 휴대폰 바구니를 만들어보자 · 26
스스로 일어날 수 있게 하자 · 27
오직 자신만을 위한 시간을 만들자 · 30
 집 안 시계를 5분 일찍 세팅해두자 · 32
건강한 정신은 건강한 몸에서 시작된다 · 33
운동의 작은 성취감으로 자존감을 키우자 · 39
 운동 학원을 그만두지 마세요 · 42
유진쌤의 추천 책! 《1리터의 눈물》 · 43

2 초등 고학년의 봄 수업
새 학년 새 학기를 위한 마음가짐 정비하기 · 44

일상에서 목표를 찾자 · 45

아이들과 미래에 대해 자주 이야기하자 · 50

목표를 위한 계획, 이렇게 세우자 · 54
유진쌤의 팁 시간으로 계획하지 마세요 & 문제집은 얇을수록 좋아요 · 58
유진쌤의 팁 가족이 함께 '세줄일기'를 써보세요 · 69

기록은 자존감을 만든다 · 70
유진쌤의 추천 책! 《체리새우: 비밀글입니다》 · 73

2교시 초등 고학년의 여름: 우리 아이 공부습관 만들기

1 초등 고학년의 여름 수업
구체적이고 현실적인 목표 설정하기 · 76

마음먹기부터 시작하자 · 77

꿈은 이루어진다 · 82

2 초등 고학년의 여름 시험
나를 위한 공부습관 만들기 · 88

5:2 법칙의 공부습관을 만들자 · 89

열심히 달린 후, 휴식은 꼭 필요하다 · 93
유진쌤의 팁 나만의 치팅데이를 만들자 · 95

한 번에 한 가지씩만 하자 · 96

질문에는 뭐라도 대답하자(아웃풋이 필요해) · 98

어떤 질문이든 허용하는 분위기를 만들자 · 101

선생님은 아이들의 이해를 돕는 도구다 · 103
- 유진쌤의 팁 배움 노트 쓰기 · 104

복습은 최대한 빨리 하자 · 106

매일 30분 시스템을 만들자 · 109

3 초등 고학년의 여름 방학
자기주도학습을 위한 자발성 정비하기 · 112

책 읽는 시간은 절대 아깝지 않다 · 113
- 유진쌤의 팁 그림책부터 도전하자 115

문해력보다 인생의 태도를 키우자 · 117
- 유진쌤의 팁 서문 또는 작가의 말 읽기 · 120

최고의 투자는 자기 자신에게 하는 것이다 · 121

공부에서 의미를 찾지 않게 하자 · 126

운다고 해결되는 것은 없다 · 128
- 유진쌤의 팁 수업 & 준비물 챙기기에 집중하자 130

스스로 할 수 있는 힘을 키워주자 · 131
- 유진쌤의 팁 가족 기부기록장 만들기 135

3교시   초등 고학년의 가을: 우리 아이 관계 습관 만들기

1   초등 고학년의 가을 수업1
사회력을 위한 친구 관계 정비하기 · 140

친구는 스스로 선택하자 · 141

스스로 할 수 있게 자꾸 기회를 주자 · 145
- 유진쌤의 팁   아이가 스스로 하는 일 체크리스트   148

모든 것은 돌아온다(인생은 부메랑) · 149

배려의 힘을 알려주자 · 152

서로 다름을 인정하자 · 156
- 유진쌤의 팁1   포트폴리오는 SNS를 활용하자   160
- 유진쌤의 팁2   읽은 책들을 꾸준히 정리하자   161

누구도 함부로 무시하지 말자 · 162
- 유진쌤의 추천 영화!   〈원더〉,〈히든 피겨스〉,〈헬프〉,〈그린북〉   166

착한 아이 콤플렉스에서 벗어나자 · 167

싫어하는 것도 권리다 · 170

타인의 기준이 아닌 자신만의 기준을 갖자 · 174
- 유진쌤의 팁   선후배를 만들어주자: 멘토링   178
- 유진쌤의 추천 책!   《미움받아도 괜찮아》   179

2   초등 고학년의 가을 수업2
나를 사랑하는 마음가짐 키우기
feat. 아이 자존감 키우기 · 180

자기 자신에게 솔직하자(자신을 인정하자) · 181

개별성을 인정하자 · 185
`유진쌤의 팁` 감정 보드판을 활용하자 · 187
`유진쌤의 추천 책!` 《사춘기 준비 사전》,《사춘기 성장 사전》· 188
적절한 리액션은 인정이 된다 · 190
따뜻한 말 한마디 처방이 필요하다 · 193
`유진쌤의 팁` forget about it · 195
친구가 인생의 전부는 아니다 · 197
`유진쌤의 팁` 혼자가 아니라는 신호 보내기 · 201
우리가 사는 세상이 전부가 아니다 · 202
`유진쌤의 팁` 혼자만의 여행을 보내보자 · 206
`유진쌤의 추천 책!` 《걷는 사람, 하정우》,《순례 주택》· 207
취미는 인생의 활력이 된다 · 209
`유진쌤의 팁` 취미 찾기 · 212
`유진쌤의 성교육1` 달콤한 말을 하는 사람을 조심하자 · 214
`유진쌤의 성교육2` 몸캠을 아시나요 · 216

4교시 초등 고학년의 겨울: 우리 아이 긍정 습관 만들기

1 초등 고학년의 겨울 수업
긍정적인 마인드를 위한 아이 자존감 정비하기 · 220

미래를 단정 지어 포기하지 말자 · 221
스스로 자랑스러운 과정을 만들자 · 226
3년 후를 위한 버킷리스트를 만들자 · 229
`유진쌤의 팁1` 버킷리스트 작성 팁 · 233

`유진쌤의 팁2` 온 가족이 함께 만드는 버킷리스트 · 233
`유진쌤의 팁3` 드림 보드 만들기 · 235
아이의 자존감은 후천적으로 만들어진다 · 237
긍정적인 생각은 긍정을 낳는다 · 241
`유진쌤의 추천 책!` 《지지 않는 하루》 247
아이들과 공감은 어렵다 · 248
경험자의 말에 귀 기울이자 · 251
`유진쌤의 팁` 아이에게 멘토링 맺어주기 · 255

2 초등 고학년의 겨울 방학
미래를 위한 준비하기 · 256

재능보다 중요한 것은 노력이다 · 257
노력이 주는 가치를 느끼게 하자 · 262
처음부터 잘하는 사람은 없다 · 265
할 수 있는 일부터 시작하자 · 269
`유진쌤의 추천 책!` 《소중한 사람에게》 275
세상과 맞서 싸우는 힘을 기르자 · 276
`유진쌤의 추천 책!` 《실패 도감》 279
책 읽기를 통해 유연한 사고를 기르자 · 280
지금의 모습이 미래의 모습은 아니다 · 286
`유진쌤의 팁` 행복 리스트를 만들어보자 · 290

1교시

초등 고학년의 봄

: 우리 아이 생활습관 만들기

1
초등 고학년의 봄 방학

새 학년 새 학기를 위한
생활습관 정비하기

초등학교의 마지막이라고 할 수 있는 고학년의 겨울과 봄에 걸쳐 있는 봄 방학은 정말 중요한 순간이 될 수 있다. 이제 1~2년 후면 중학교에 올라가야 하니 준비할 것이 정말 많을 것이다. 그런데 내 아이를 보고 있자면 중학교에서 적응을 잘 할 수 있을지 고민이 된다. 혼자 할 수 있는 거라곤 아무것도 없으니 그럴 수밖에. 그렇지만 늦었다고 생각한 순간 더 늦어지게 되는 법, 이 시기 내 아이를 위한 생활습관을 정비하고 아이와 함께 가족 모두 생활습관을 바꿔보는 것이 필요하다. 이 챕터에서는 내 아이와 만들어 가는 가족 구성원들의 생활습관을 담았다. 어렵지 않은 누구나 할 수 있는 것이니 한 번 시도해보기를 바란다. 내 아이의 미래를 위해 준비해야 할 때다.

'미라클 모닝'을 시작하다

아이들의 생활습관 정비하는 것에 앞서 내 이야기를 하는 것이 좋겠다는 판단이 들었다. 나의 경험을 통해 이야기하는 것이 더 효과적이고 부모들을 설득하고 이해시키는데 좋을 것 같아서다. 지금부터 나를 변화시킨 습관에 대해 말해본다. 나는 새벽에 일어난다. 새벽에 일어난다고 해서 뭔가 거창하고 티 나는 일을 하는 것은 아니다. 일어나면 운동도 하고, 글도 쓰고, 책을 읽는 시간을 가지고 온전히 나를 위한 시간을 갖기 위해 새벽에 일어나는 것을 선택했다. 아이를 출산한 직후 힘들었던 시간 속에서 김지혜 작가의 《하루 한 시간, 엄마의 시간》이라는 책을 읽었었다. 육아하는 엄마들에게 자기만의 시간이 필요하다는 내용이었는데, 당시에는 그 작가의 마음을 제대로 이해하지 못했다. 하지만 새벽 기상을 시작하면서 나는 온전히 나를 돌아볼 수 있는 시간을 갖게 됐고, 그 시간을 통해서 하고 싶은 일들을 찾게 되었다. 그리고 지금은 그 말의 의미를 200퍼센트 이해하게 됐다.

이렇게 말하니 뭔가 대단한 일을 하는 것처럼 보이지만 실상은 그렇지 않다. 게다가 내가 새벽에 일어나는 기상 팁은 아주 단순하다. 그저 일찍 잠자리에 드는 것이다. 아직 아이들이 어리기 때문에 아무리 늦어도 밤 10시 전에는 잠이 드니 자연스럽게 5시나 그 전에 일어나게 된다. 물론 일찍 자는 것이 말처럼 쉬운 일은 아니다. 하지만 아이들을 키우면서 동시에 일도 해야 하니 내게는 늘 혼자만의 시간이 없어 불만이었다. 그런 내게 새벽 기상은 나만의 시간을 주었고, 내게 주어진 그 시간이 참 소중해졌다. 나는 지금도 오롯한 나만의 시간을 갖기 위해 애쓰고 있다.

나와 아이들을 위해 시작한 새벽의 일상

첫째가 태어났을 때부터 새벽에 일어났던 것은 아니다. 둘째가 태어났을 때까지만 해도 아이를 일찍 재워야 한다는 강박에 사로 잡혀 있던 나는 아이 둘을 일찍 재우는 것이 매일매일의 목표였다. 특히 아이들이 잠들고 나서 갖는 밤 시간은 내게 너무나도 달콤했다. 나는 소위 말하는 드라마 광이었다. 요일별로 하는 드라마를 모두 꿰뚫고 있었고, 육아의 고단함을 드라마로 해소하려는 듯 더욱 몰입했다. 아이들이 잠든 시간에 TV 드라마를 보고, 친구들과 메시지를 주고받거나 SNS를 하기도 하고, 웹툰도 읽으면서 시간을 보냈다. 하지만 그렇게 보내는 밤의 시간은 너무도 훌쩍 지나갔고 잠드는 시간은 점점 늦어졌다. 그러다 보니 자연스럽게 아침에 일어나는 시간도 늦어졌다. 문제는 일찍 잠든 만큼 일찍 일어나는 아이들의 사이클과 나의 사이클이 어긋나기 시작했다는 것이다. 잠이 부족해지다 보니 내 몸이 지치는 것과 동시에 아이들에게 화를 내는 빈도도 늘어났다. 내가 생각하는 시간에 잠들지 않는 아이들 때문에, 새벽에 일찍 일어나는 아이들 때문에 짜증이 났다. 나와 아이들 모두에게 있어 총체적 난국이었다. 아직 아무것도 모르는 아이들은 엄마가 내는 짜증을 이해할 리 만무했고, 내가 뿌린 그대로 거두는 것이었지만 나는 나대로 그런 상황이 납득이 되지 않았다.

무엇보다도 아이들에게 짜증을 내면서 느끼는 죄책감은 나를 더욱 갉아 먹어갔다. 그런 시기에 새벽 기상을 하게 되었고, 나는 나와 아이 모두를 위해서 과감히 밤을 버렸다. 아이들과 같이 자고 같이 일어나기로 한 것이다.

새벽 기상을 통해 독서를 다시 시작하고 나를 돌아보는 시간을 가지면서 하고 싶은 일들이 생겨났다. 그렇게 하고 싶은 일과 해야 할 일이 생기니 포기해야 할 것들도 분명해졌다. 관심사가 다른 곳에 가게 되니 자연스럽게 흘려버리게 됐다. 나는 새벽 기상에 더욱 매진하게 되었고, 지금도 꾸준히 실천하고 있다. 무엇보다 유튜브와 운동, 글도 써야 하다 보니 시간이 부족한 이유도 있지만 말이다.

규칙적인 사이클은
꼭 필요하다

　새벽 기상이 필요하고 좋다고 해서 '무조건 새벽 기상을 해야 한다'는 뜻은 절대 아니다. 단지 아이들에게 맞는 규칙적인 사이클을 만들어야 한다는 것을 말하고 싶다. 이정모 과천과학관장의 책《저도 과학은 어렵습니다만》을 보면 청소년기의 아이들은 호르몬으로 인해 일찍 잠자리에 들 수 없다는 얘기가 나온다. 청소년기의 아이들이 늦게까지 깨어 있는 것은 생리적으로 당연하다는 것이다. 그것을 깨우친 후로 나는 우리 반 아이들에게 '10시 전에 자야 해'라는 말을 하지 않는다. 다만 매일매일의 규칙적인 사이클을 만들어야 한다는 것을 강조한다. 왜냐하면 우리나라의 시스템 때문이다. 초등학교는 보통 8시

40분까지는 도착해야 하고, 중·고등학교는 그보다 더 일찍 등교해야 한다. 수능 시험 역시 오전 8시 40분에 1교시가 시작한다. 이것이 현실이다. 이런 상황에서 이민을 가거나 수능을 치르지 않겠다는 확고한 의지가 있는 게 아니라면 아침 시간을 어느 정도 세팅해둘 필요가 있다. 학교는 친구를 만나는 장소이고 다양한 활동이 이루어지는 장소이지만, 결국 배움을 위한 곳이라는 걸 잊어서는 안 된다. 모든 배움이 일어나는 시간은 낮 시간인데 우리 아이들은 그 시간을 거꾸로 활용하는 것 같아서 늘 안타깝다.

학생이 직장인과 다른 점은 긴 방학이 있다는 것이다. 개학이 되면 아이들은 달라진 사이클에 일주일 정도는 정신을 못 차린다. 방학 동안 불규칙적인 생활을 마음껏 누렸으니 어쩌면 당연한 일일지도. 긴 연휴를 보내고 출근하는 직장인과 다름없다. 단지 방학은 연휴보다 더 길기 때문에 회복하는 속도도 더디게 느껴진다는 것이다. 그런 이유 때문인지 부모들은 방학이 오는 것을 두려워한다. 내가 부모가 되어보니 그 마음을 십분 이해하겠다.

그렇다면 부모들이 방학을 싫어하는 진짜 이유는 뭘까? 아주 단순하다. 아이들의 불규칙적인 생활 패턴 때문이다. 방학이 되면 일단 아이들은 하나같이 늦게 일어난다. 늦잠 자는 게 뭐 대수냐 싶겠지만, 이 늦잠 때문에 결국 하루의 사이클이 망가지게 되고 부모의 잔소리는 늘어나게 된다. 상황이 이러니 부모들은 방학이 시작됨과 동시에 울며 겨자 먹기로 학원을 더 추가하고 아이들을 학원으로 돌리는 방법을 택하게 된다. 그렇게라도 해야지 아이들이 움직이기 때문이다. 시스템이라는 것은 이렇게 중요하다.

코로나 19로 인해 등교하는 것이 얼마나 중요한 것인지를 모두가 느꼈을 것이다. 대단한 배움을 위해 학교에 가는 것이 아니라 단지 학교에 가는 것만으로도 아이들의 일상이 규칙적으로 돌아간다는 것을 우리는 더욱 깊게 깨닫게 되었다. 무엇인가 할 일을 위해 집 밖을 나서야 한다는 것 자체가 우리 뇌를 긴장하게 만들고 하루를 시작한다는 신호가 되어주기 때문이다. 규칙적인 생활을 만드는 것이 얼마나 중요한지를 아이들 스스로 인지하는 것 또한 중요한 일이다.

가족이 함께
규칙을 만들자

　대부분의 아이들이 학원에 다닌다. 우리 반 아이들에게 물어보면 학교 갔다가 학원 다녀와서 숙제하고 저녁 먹고 하다 보면 밤 10~11시가 된다고 한다. 하루의 대부분을 학교와 학원에서 보낸다니 말만 들어도 피곤하다. 그러니 모든 일과를 마치고 나면 그냥 잠들기가 얼마나 아쉬울까? 어른인 나도 하고 싶은 것이 많은데 호기심 많은 아이들은 더더욱 그냥 잠들기가 어려울 것이다. 당연히 아쉬움에 휴대폰을 만지작거리게 될 수밖에 없다. 그렇게 휴대폰을 들면 웹서핑을 하고 웹툰과 유튜브를 몰아보고 게임을 하고 친구들과 메시지를 주고받은 다음에는 SNS로 친구나 좋아하는 셀럽들을 둘러볼 것이다. 문제는 지금부터

다. 그렇게 휴대폰을 만지작거리다 보면 자연스럽게 잠자는 시간이 늦어진다. 부모는 부모대로 아이들은 아이들대로 TV나 휴대폰을 보며 밤 시간을 보내는데 그 시간은 정말 달콤하지만 쏜살같이 지나간다. 부모는 늦은 시간까지 TV나 휴대폰을 보면서 아이들에게 이런 것을 포기하라고 한다면 아이들은 쉽게 납득하지 못할 것이다. 규칙적인 사이클은 가족이 함께 만들어 함께 하는 것이 가장 좋다고 생각한다. 그날 해야 할 일들이 끝났다면 가족 모두가 아무것도 하지 않고 잠자리에 드는 것을 목표로 만들어보자. 가족이 다 함께 바꿔보는 것이다.

하지만 막상 잠을 자려고 해도 처음부터 쉽게 되지는 않는 법. 가장 좋은 방법은 책을 손에 드는 것이다. 이 방법은 교육적인 효과라기보다는 현실적으로 졸음을 가져오는 방법이 된다. 휴대폰을 들고 있으면 잠이 잘 오지 않는다. 대부분의 사람들이 알고 있듯이, 형형색색으로 시각을 자극하는 동시에 청각을 자극하기 때문이다. 하지만 책은 그 반대다. 자연스럽게 졸음을 불러온다. 휴대폰으로 게임도 하고 싶고, SNS로 친구들과 얘기도 하고 싶겠지만 일단 미뤄두고 잠을 청해보자. 친구는 다음 날 학교에서 만나면 되고, 게임은 차라리 주말에 몰아서 실컷

할 수도 있다. 그 일들이 반드시 밤을 새서 해야 할 만큼 중요한 일은 아니라는 것을 아이에게 알려주자.

사람은 초인이 아니기 때문에 충분한 휴식은 정말 꼭 필요하다. 그러니 하루를 단순하게 만들어보자. 이것저것 하고 싶은 게 많다고 다 하려고 하면 몸과 마음이 모두 지친 나머지 번아웃이 올 수도 있다. 나는 충분한 휴식으로 잠을 대체할 만한 것은 없다고 생각한다. 잠을 충분히 자는 것만으로도 다음 날 내가 해야 할 일들을 처리할 에너지를 얻을 수 있다.

이유남 작가의 책 《엄마 반성문》을 보면 청소년기는 어른들보다 즐거움을 가져다주는 세로토닌이 40퍼센트 정도 적게 분비되기 때문에 예민한 시기라고 한다. 청소년들의 짜증, 우울, 적대감은 의지와 상관없이 상대적으로 높은 값으로 세팅되어 있다. 어른들은 그 시기를 지나왔기 때문에 별거 아닌데 왜 유난이냐고 생각할지 모르지만, 아이들에게는 정말 중요한 일임을 부모는 알아줄 필요가 있다. 그래서 이 상황을 잘 극복할 수 있는 좋은 방법을 알려주는 것이 무엇보다 중요하다. 내가 제안하고 싶은 것은 적어도 밤 12시 전에는 잠드는 것이다. '잠이 보약이다'라는 우리 선조들의 말은 결코 틀리지 않았다.

일정 시간에 잠자고 일정 시간에 일어나는 사이클을 몸에 익히는 것은 정말 중요하다. 사람이 단순하지만 규칙적인 생활을 하는 것은 신체 건강뿐 아니라 정신 건강에도 큰 영향을 미치기 때문이다. 그러므로 기본적인 사이클만 맞춰도 사춘기 때 호르몬으로 인한 불완전한 감정들에게서 조금은 자유로워질 수 있을 것이다. 특히 평소 예민하고 남들은 대수롭지 않은 것에 스트레스를 많이 받는 아이들이라면 이 방법을 적용해볼 것을 권한다. 규칙적인 생활을 통해서 신체적 활동은 낮에 하고, 밤에 잠드는 구조를 만들어보자. 나는 '올빼미형이야'라고 단정 짓지 말고 한번 시도해보면 좋겠다. 밤에 깨어 있는 것도 어쩌면 습관의 한 모습일지도 모른다. 물론 밤에 깨어 있다가 아침에 일어나도 쌩쌩하다면 상관없지만 그럴 수 있는 사람이 과연 얼마나 될까?

 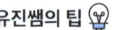 유진쌤의 팁

가족 휴대폰 바구니를 만들어보자

내 블로그 이웃 중에 매달 100만 원씩 기부하는 분이 있다. 그분의 나눔 강의를 들었는데, 사춘기 딸과 치른 전쟁을 얘기하며 준 팁이 바로 휴대폰은 엄마에게 두고 잠들기였다. 딸아이와 눈만 마주치면 싸우던 시기에 항상 본인이 졌지만, 그 가운데 절대로 지지 않고 고수했던 원칙이 바로 잠잘 때 휴대폰을 엄마에게 주는 것이었다고 한다. 그 이유는 아이가 잠이라도 편하게 잠들기를 원했기 때문이다. 휴대폰과 함께 침대에 누우면 누구나 상상할 수 있는 그림이 그려진다. 나도 마찬가지다. 하릴없이 웹서핑을 하게 된다. 그러다 보면 아이들이 엄마를 부르는 소리보다는 화면 속 내용에 몰두하게 되고 나도 모르게 짜증을 낸다. 나는 그 강의를 듣고 난 다음부터 휴대폰을 방이 아닌 거실에 두고 잔다. 휴대폰이 없으니 누워서 아이들과 이런저런 이야기를 하다가 자연스럽게 잠들어버린다. 우연의 일치인지는 모르겠지만 전자파가 없는 탓인지 예전에 비해서 잠도 깊게 자는 것 같다. 물론 방에 디지털 탁상시계가 있어서 시간은 그것으로 확인한다.

    내 제안은 가족 휴대폰 바구니를 만드는 것이다. 아이들이 왜 나만 반납해야 하냐고 반발할 수 있는 것을 차단하는 효과가 있을 것이다. 방이 아닌 곳에 바구니 하나를 두고 잠자러 방에 들어가기 전에 모두 휴대폰을 바구니에 넣는 것을 한 번 시도해보자. 스마트폰 알람을 대체할 수 있는 도구들은 너무도 많으니 걱정하지 말자. 만약 방이 아닌 곳에 휴대폰 바구니를 두는 것이 도저히 불가하다면 적어도 침대에서 일어나야지 가져갈 수 있는 화장대나 협탁 등에 휴대폰을 두면 된다. 일단은 침대 머리맡에 두고 잠들지 않기를 한번 시도해보자.

스스로 일어날 수
있게 하자

　나는 우리 반 아이들과 습관 공책이라는 것을 쓴다. 아이들에게 스스로 습관 공책을 쓰게 하고 일주일에 한 번 검사를 한다. 월요일에서 금요일까지 5일로 세팅된 습관 공책에 취침 시간과 기상 시간을 스스로 정하게 한다. 내가 권장하는 시간은 밤 11시 취침과 아침 7시 기상이다. 늦어도 밤 12시 전에는 잠자리에 들라고 말한다. 습관 공책이라고 해서 대단한 것은 아니다. 월요일에서 금요일까지 세팅된 표에 자기가 할 일을 표시하는 아주 간단한 것이다. 아이들의 자발성을 길러주기 위한 아주 기본적인 체크리스트인 셈이다.

　우리 반 아이들에게 아침에 어떻게 일어나는지 물어보면

스스로 일어난다는 아이들, 엄마가 깨워줘서 일어난다는 아이들 이렇게 반반인 듯하다. 스스로 일어나는 아이들은 알람을 통해서 일어난다고 했다. 알람으로 일어나는 아이는 부모님이 깨워주는 아이든 누군가 나의 아침을 깨워주는 존재가 있다는 것은 참 감사한 일이다.

    예전에 가르쳤던 6학년 아이 중에 밤새도록 게임을 해 매번 지각하는 아이가 있었다. 한번은 1교시가 지나도록 전화도 받지 않고 등교하지 않아 가정방문을 한 적이 있었는데, 자다가 부스스한 머리로 문을 열고 나를 맞이했던 아이의 모습이 지금도 선하다. 천진난만한 웃음으로 맞이하던 아이는 엄마의 늦은 퇴근과 이른 출근으로 날 새는 줄 모르고 게임을 하고는 늦게까지 잠을 잤던 것이다. 임시 담임이었던 내가 해줄 수 있는 말은 스스로 챙길 수 있는 나이임을 알려주며 늦어도 밤 12시 전에는 잠자리에 들라는 말뿐이었다. 나의 몇 번의 설득과 다짐 끝에 아이는 다시 정상적인 등교를 하기 시작했다. 아침 등굣길에 나와 마주칠 때면 '쌤~저 어제 일찍 잤어요.' 하고 말하던 아이의 웃는 얼굴이 종종 생각난다. 별거 아닌 말이었지만 자기가 할 수 있는 일을 알려주는 것이 도움이 되지 않았을까 싶다. 어쩌면 아이는 자기가 어떤 일을 할 수 있는지를 몰랐던 것일지도 모른다.

월요일은 누구나 눈 뜨기 싫은 아침이다. 학창 시절 나의 어머니는 나와 동생이 일어날 때까지 규칙적으로 이름을 부르셨다. 그 소리가 얼마나 듣기 싫던지. 문제는 그렇게 시작된 아침은 일어나는 순간부터 짜증으로 시작하게 된다는 것이다. 더 자고 싶은데 왜 억지로 일어나야 하는지로 시작된 물음은 결국 애꿎은 학교에 대한 원망으로 이어졌던 것 같다. 학교는 가야 하고, 일어나기는 싫고. 하지만 대한민국 아니 전 세계를 통틀어 아침에 일어나 출근하고 학교 가야 하는 현실을 '정말 좋다'라고 생각하는 사람이 과연 얼마나 될까? 게다가 사춘기라는 시기는 청개구리 본능이 그 어느 때보다 강렬한 시기 아닌가. 누군가에 의해 억지로 일어나는 것 자체가 짜증으로 시작하게 될 가능성이 높다.

에릭 와이너 작가의 《소크라테스 익스프레스》라는 책에서 '아침에 우리를 일어나게 만드는 것은 시간이 아니라 행동'이라는 말이 나온다. 관점을 한 번 바꿔보는 것이다. 몇 시에 일어나야 한다는 강박에서 벗어나 '왜 일어나야 하는지'에 대해 아이들과 이야기를 나눠보면서 스스로 일어날 때가 되었음을 알려주자.

초등 고학년의 봄: 우리 아이 생활습관 만들기

오직 자신만을 위한
시간을 만들자

'왜 일어나야 하는지'에 대한 포커스를 단순히 학교에 가야 하기 때문으로 맞추지는 말았으면 좋겠다. 학교에 가야 하기 때문에 일어나는 것이 아닌 다른 이유를 찾아보게 하자. 아침에 일어나는 것이 너무 신이 났다고 말했던 현대그룹 故 정주영 회장처럼 나도 새벽 기상을 시작했을 무렵엔 설레는 기분으로 눈을 뜨곤 했다. 물론 이 마음이 오래 지속되기는 힘들다. 하지만 우리 아이들이 살면서 이런 기분을 꼭 한 번은 느꼈으면 한다. 소풍 가기 전날의 설레는 마음을 매일 느끼는 것이 결코 불가능한 일은 아니라는 것을 말이다.

조금 일찍 일어나면 어떤 점이 좋을지 아이들과 이야기해보

자. 아이들마다 중요하게 생각하는 가치관이 다르기 때문에 관심 가질 만한 이야기로 시작해보는 것이 좋다. 한창 외모에 관심이 많은 아이들은 씻고 단정하게 준비하기 위해 아침 시간이 필요할 수도 있고, 힙합과 랩에 관심이 있다면 아침에 한 줄 랩 쓰기를 해보는 것을 권해보자. 공부를 잘하고 싶은 아이라면 아침에 독서를 해도 되고, 수학 문제집 한 장을 풀어보는 것도 좋을 것이다. 학원 숙제가 많아서 괴로운 아이들이라면 그 시간에 학원 숙제를 끝내는 것도 좋은 방법이 될 수 있을 거라 생각한다.

나는 운동을 제안한다. 운동이라고 해서 무리하게 힘들게 하는 것이 아닌 가벼운 산책 정도다. 반드시 꼭두새벽에 일어나라는 것은 절대 아니다. 중요한 것은 자기만의 시간을 갖기 위해 평소보다 20~30분 정도 일찍, 스스로 일어나 보는 것이다. 실제로 그 일을 실천하면서 그것만으로도 자기 삶의 주도권을 갖게 될 수 있다는 것을 아이들이 알 수 있게 하자. 물론 부모가 함께한다면 더할 나위 없이 좋을 것이다. 그리고 이에 대한 적절한 보상은 꼭 필요하다. 우리 반에서 쓰는 습관 공책의 기본 세팅은 월요일에서 금요일까지이다. 아이들을 잘 구슬리기 위해서는 주말을 잘 활용하면 좋다. 주중에 아이들이 스스로 잘 일어났다면 주말에는 자고 싶은 대로 내버려두자. 주중에 보내지 못했던 다른 학원 스케줄로 주말 아침을 세팅하지 말자. 자유 의지라는 것이 자율성을 기르는 데 있어 기본 원칙임을 꼭 상기하면 좋겠다.

유진쌤의 팁

집 안 시계를 5분 일찍 세팅해두자

초등학교 고학년 정도 되는 아이들은 지각하지 않기 위해 집에서 나서야 할 시간 정도는 알고 있다. 그럼에도 불구하고 반복적으로 지각하는 아이들이 꼭 있다. 학교에 가기 싫어서 일부러 늑장을 부리는 것이라면 아이의 학교생활에 대한 고민거리를 한 번 알아봐야 할 것이다. 하지만 그런 이유가 아닌데, 그저 습관적으로 자꾸 지각을 하는 아이라면 집에 있는 시계를 5분 정도 일찍 세팅해두자. 사람은 알면서도 속는다. 일단 지각은 면할 것이다. 그러다 일찍 세팅된 시계에 익숙해질 때쯤 다시 원래대로 시계를 맞춰두자. 귀찮더라도 비정기적으로 이것을 반복하다 보면 시간 맞추기에 조금은 신경 쓰는 아이를 발견하게 될지도 모른다. 중요한 것은 늦었다고 깨워주지 않는 것이다. 이때는 부모의 독한 마음이 필요하다. 만약 빠르게 세팅된 시계로 너무 일찍 도착했다고 아쉬워할 것은 없다. 지금껏 모든 경험으로 미루어보아 약속 시간에 일찍 도착하는 것은 결코 마이너스가 될 일은 아니기 때문이다.

건강한 정신은
건강한 몸에서 시작된다

내가 우리 반 아이들과 쓰는 습관 공책엔 그 주에 기억할 만한 명언을 하나씩 적는다. 그 가운데 빠지지 않는 것이 '건강한 몸에 건강한 정신이 깃든다'라는 말이다. 세상에 많은 명언이 있지만 나는 요즘 건강과 관련한 말들이 마음 깊이 와 닿는다. 아마 그것은 요즘 내가 운동을 하기 때문이라 생각된다. 내가 운동을 하지 않을 때는 잘 느끼지 못했던 것을 요즘에는 정말 필요하다는 것을 실감하고 있다.

나는 어릴 때부터 운동을 꽤 좋아했다. 다른 친구들에 비해 운동 센스가 있었고 잘하기도 했던 탓인지 운동에 대한 거부감도 없었다. 그리고 대학교 때는 테니스 동아리에서 테니스를 배우기도 했었다. 하지만 운동에 거부감이 없는 것과 꾸준히 하는 것은 조금 다른 이야기이다. 인생 전체를 볼 때, 그래도 운동을 해온 편이라고 말할 수 있지만, 지금처럼 3년 정도를 이틀에 한 번씩 30분 정도 뛰는 운동을 꾸준하게 해온 적은 없었다. 그래서일까. 꾸준하게 달리기를 하면서는 나는 진짜 운동을 하고 있다고 생각하게 됐고, 운동에 대한 생각이 조금 바뀌었다. 요즘에는 정말 나 자신의 건강을 위해서 운동을 꾸준히 해야겠다는 생각이 크다. 그 이유는 단순히 체력이 좋아지는 데에 그치지 않기 때문이다. 나는 소위 '기분파'로 감정에 쉽게 사로잡히는 스타일이었다. 그래서인지 주기적으로 찾아오는 슬럼프나 우울감에 빠지는 일이 많았는데, 달리기를 꾸준히 하면서부터는 그런 우울감에서 빠져나오는 일이 예전에 비해 정말 수월해졌다.

운동의 가장 긍정적인 효과는 바로 불필요한 생각들, 스트레스를 날려버리고 건강한 생각을 불러온다는 것이다. 《마녀체력》의 이영미 작가 강연을 직접 들은 적이 있었다. 강연장에 사이클링 복장으로 나타난 그녀의 모습은 '세상을 바꾸는 시간, 세바시'에서 봤던 모습과 전혀 다른 모습이었지만 생동감이 넘쳐 흘렀다. 강연 중 부부싸움에 관한 이야기가 나왔는데 운동을 하면서 달라진 싸움의 해소법이었다. 이전에는 냉랭한 분위기가 오래 지속되었지만, 지금은 싸움 후 각자 자전거를 타고 한 바퀴 돌고 오면 언제 그랬냐는 듯 서로 아무렇지 않게 말을 걸면서 일상으로 돌아오게 되었다는 것이다. 아무 생각 없이 한껏 달리다 보면 무슨 일이었는지도 잊어버리게 된다며 웃는 그녀의 모습이 어떤 의미인지 십분 이해가 되었다.

또한, 꾸준한 운동은 무엇보다 자신감을 불러온다. 평소에는 있는 듯 없는 듯 조용했던 사람인데 운동복만 입으면 전혀 다른 사람으로 돌변한다는 이야기를 들은 적이 있다. 주변 사람들에게 파이팅을 불어넣는 모습에서 내가 알던 사람이 아니었다는 얘기다. 이것은 비단 운동뿐 아니라 자기가 잘하고 자신감 있는 분야에서라면 누구든 적용되는 이야기일 것이다.

내가 이렇게 입에 침이 마르도록 운동을 강조하는 이유는 그래도 몸을 움직이는 것이 아이들에게 부담이 덜 되기 때문이다. 체육 시간이 가장 인기가 좋은 것은 그것을 방증한다. 만약 내 아이가 자신감이 조금 부족하다 여겨진다면 운동을 꾸준히 시켜보자. 학교에서도 잠시만 지켜보면 그런 아이들을 만나기 어렵지 않다. 교실에 있는 듯 없는 듯한 아이였는데, 체육시간만 되면 언제 그랬냐는 듯 자신의 기량을 펼치는 아이들이 보인다. 타고난 운동 신경이 있을 수도 있지만 그런 아이들은 대부분 어릴 때부터 운동을 꾸준히 해온 아이들일 가능성이 높다.

뇌는 운동화를 신고 있다?

실제로 운동이 신체뿐 아니라 정신 건강에 큰 영향을 미친다는 연구 결과가 많다. 그리고 많은 뇌 과학 책에서 운동과 학업의 연관성에 대해 밝히며 운동을 통해 우리의 뇌가 더욱 발달한다는 사실을 보여준다. 그래서 주지 교과를 중심으로 흘러가던 학교 교육은, 주당 3시간으로 편성된 체육 교과 시수를 줄이면 안 된다는 요구가 강력하게 반영되어 운영되고 있다. 존 레이티와 에릭 헤이거먼 작가가 쓴《운동화 신은 뇌》에서는 우리의 뇌 자체가 평소 움직이는 것 말고 땀을 흘리는 운동에 영향을 많이 받고 있음을 보여준다. 책에서 소개하는 네이퍼빌 고등학교의 0교시 체육 사례가 바로 그것이다. 네이퍼빌에서는 정규 수업 시간 전에 파격적으로 체육 과목을 편성하고 1시간 동안 학생들에게 땀이 흠뻑 흘릴 정도의 격렬한 운동을 시킨다. 운동을 통해 피가 뇌로 쏠리면 뇌가 활성화 상태가 되어 다음 교과시간에 어려운 공부나 수업을 더 잘 이해할 수 있게 된다는 것이다. 실험 결과 자발적으로 0교시 수업을 신청한 학생들의 성적이 눈에 띄게 향상한 사례를 보면서 나는 학창 시절 운동의 필요성을 더욱 확신하게 되었다.

사람의 평균 수명은 점차 증가하고 있고, 건강한 상태로 삶을 영위하는 것이 인간의 큰 과제가 되고 있다. 건강은 건강하지 못한 사람 눈에만 보이는 월계관이라는 말이 있다.(로빈 샤르마 작가의《변화의 시작 5AM 클럽》) 모든 것이 그렇듯 내가 건강할 때에는 잘 모르지만 어디라도 아프게 되면 건강이 얼마나 중요한 것인지 깨닫게 된다. 나는 운동을 하면서 공부만큼이나 중요한 것이 운동이라는 것을 알게 됐다. 하지만 실제로 운동의 중요성을 알면서도 정작 내 아이들에게 강조하는 부모는 별로 없는 것 같아 그것이 안타깝다.

운동의 중요성을 알고는 있지만 실제로 시간을 내어 땀을 흘리는 운동에 시간을 투자하는 사람들이 별로 없다는 것이 우리의 현실이다. 특히 아이들을 키우느라 혹은 직장 다니느라 바쁜 가운데 따로 운동할 시간을 낸다는 것 자체가 아주 큰일처럼 느껴진다. 아마 아이들도 마찬가지일 것이다. 학교 다녀오고 학원 다녀오고 숙제하다 보면 따로 운동할 시간을 내기가 쉽지 않다. 운동할 시간에 달콤한 휴식을 취하고 싶은 마음이 앞설 것이다.

적어도 일주일에 3번 정도 아이와 함께 땀을 흘리는 운동을 하는 것은 어떨까? 이왕이면 '홈트'보다는 맑은 공기를 마시면서 하는 운동을 추천한다. 특히 코로나 19로 '코로나 블루'라는 신조어가 생길 정도로 우울감을 느끼는 사람들이 많아졌는데, 이 우울감은 어른뿐 아니라 아이들에게도 나타난다. 요즘 대면 수업 대신 줌 수업이 많이 늘었는데, 나는 수업 중에 아이들에게 하루에 한 번 정도는 바깥 공기를 쐬라고 말한다. 짧은 산책이라도 다녀오라고 말이다. 일조량과 우울증의 상관관계에 관한 연구 결과들만 보아도 햇빛이 우리에게 미치는 영향이 얼마나 큰지 알 수 있다. 나의 뇌를 위해, 때로는 감정적인 위로를 얻고 싶다면 운동을 하는 것이 꼭 필요하다. 특히 자라나는 우리 아이들에게는 더더욱.

운동의 작은 성취감으로
자존감을 키우자

그렇다면 운동을 하기 위해 무엇부터 해야 할까? 우선 운동을 위해 따로 시간을 내는 것부터 시작해보자. 아침에 일어나자마자 동네 산책을 한다든가(물론 달리면 더욱 좋겠지만, 시작이 중요하니 산책부터 하자.) 줄넘기를 하는 것이다. 도저히 시간을 내기가 힘들면 엘리베이터나 에스컬레이터 대신 계단 오르기를 추천해본다. 그리고 일주일에 한 번쯤, 그것이 어렵다면 한 달에 한 번이라도 가족이 다 함께 집근처 가까운 산을 오르거나 공원이나 둘레길을 함께 걸어보는 것도 좋을 것 같다.

가장 중요한 것은 운동을 하겠다는 마음가짐과 그를 위한 시간 확보다. 하루 계획표에 반드시 운동을 위한 시간 넣기를 바란다. 아이들과 쓰는 습관 공책에 취침 시간, 기상 시간 외에 독서 20쪽, 운동 30분이 있다. 내가 추천하는 운동은 달리기와 줄넘기 같은 것이다. 일단 많은 도구가 필요 없고, 운동을 하기 위한 준비도 간단하다. 그리고 이런 운동은 실외에서 해야 하는 것이어서 바깥 공기를 쐴 수 있고, 땀을 흘리기에 적당하다. 어떤 운동이든 땀이 날 정도로 해야지 개운한 기분을 느낄 수 있기에 이런 운동을 하라고 권한다. 물론 힘들지만 하고 나서 개운한 그 기분은 해본 사람만이 느낄 수 있다. 그리고 그것은 스스로 이루어낸 일종의 작은 성취가 된다. 별거 아닌 것 같지만 이 작은 성취감이 쌓여 자존감이 만들어질 수 있다.

나는 아이들에게 머리 좋은 사람이 공부를 잘하는 것이 아니라는 사실을 강조한다. 고학년쯤 되면 아이들은 공부를 잘하는 아이가 따로 있다고 생각한다. 하지만 그것은 정말 잘못된 생각이다. 공부란 머리로만 하는 것이 아니라 손으로 그리고 엉덩이로 하는 것임을 알아야 한다. 일본의 작가 무라카미 하루키는 러너로도 유명하다. 일흔이 넘은 나이에도 불구하고 여전히 새로운 작품들을 발표하면서 현역 작가로 활발히 활동하고 있다. 그 비결은 바로 그가 매일 하는 운동에서 오는 것이다. 평생을 매일 달리고 수영하고 사이클을 타면서 길러온 체력 단련을 통해 젊은 세대에 뒤처지지 않을 수 있는 작품을 쓸 정도의 건강한 뇌를 만들어 갈 수 있었던 것이 아닐까 생각한다.

앞에서도 말했듯 사춘기의 아이들은 어른들에 비해 행복감을 주는 세로토닌 호르몬이 40퍼센트나 적게 분비된다. 기본적으로 화가 나고 짜증나는 것으로 세팅되어 있는 그들에게 책상에 앉아서 공부만 하라고 강요하는 것은 상처 난 곳에 소금을 뿌리는 것과 다를 바 없다. 새살이 빨리 돋기 위해서는 연고를 발라주거나 좋은 영양분을 공급해주어야 하는데, 나는 아이들에게 연고와 영양분이 되는 것이 운동이라고 생각한다. 조금이라도 기분을 좋게 만들어주는 것. 그것은 휴대폰 속 아이돌 모습도 컴퓨터 화면 속 게임 캐릭터도 아닌 운동을 통해 땀을 흘리고 맑은 공기를 마시는 것임을 다시 한 번 강조하고 싶다.

운동 학원을 그만두지 마세요

사실 자발적으로 하는 것만큼 좋은 게 없지만, 자발적으로 하는 것은 너무 어렵다. 많은 사람들이 돈을 들여서 피트니스 센터 회원권을 결제하는 이유가 바로 그 이유 때문일 것이다. 물론 가족 중의 누구라도 꾸준히 운동을 하는 사람이 있다면 자연스럽게 따라서 운동을 하게 될 가능성이 높다. 함께 자전거를 탄다든지, 달리기를 한다든지 말이다. 하지만 그것 역시 규칙적으로 하기는 쉬운 일이 아니기 때문에 나는 학부모 상담을 할 때면 지금 다니고 있는 운동 학원을 그만두지 않기를 당부한다. 요즘은 학원이나 기관을 이용해서라도 아이들이 운동을 많이 하는 것 같아서 다행이라고 생각하지만, 문제는 이런 운동이 중·고등학생이 될 때까지 이어지지 않는 데에 있다.

졸업한 아이들에게 물어본 적이 있다. 6학년 때 다니던 줄넘기 학원, 태권도 같은 걸 지금도 가느냐고. 대부분의 아이들이 운동 학원은 그만뒀다고 했다. 이유는 뻔했다. 다른 주지 교과 과목들의 학원으로 바꾸거나 공부할 시간이 부족하니 운동 학원을 비롯한 예체능 학원들은 자연스럽게 그만두게된 것이다. 매우 안타까운 일이 아닐 수 없다. 일주일에 2~3번 줄넘기 하러 가는 것은 절대 낭비하는 시간이 아님에도 불구하고 그런 시간들은 주지 교과 보충에 밀려 버린다.

그리고 무엇보다 운동을 부모와 함께하는 것은 쉽지 않다. 게다가 아이들 역시 운동하라고 잔소리 한다고 곧이곧대로 말을 듣는 시기는 이미 지나갔다. 부모가 해줄 수 있는 일은 아이들이 습관적으로, 혹은 원래 그랬던 것처럼 자연스럽게 그 시스템을 유지해주는 것이라 생각한다. 그런 의미라면 운동 학원을 이용해보는 것도 괜찮다. 학원에서 대단한 걸 배우기 기대하기보다는 그저 그 시간만큼은 운동을 한다는 최소한의 바람만으로 말이다.

유진쌤의 추천 책!

1리터의 눈물
키토 아야 지음 | 정원민 옮김 | 조안나 그림 | 옥당 | 2011

운동을 하기 싫어하는 아이들에게 《1리터의 눈물》이라는 책을 추천한다. '척수소뇌변성증'이라는 희귀병에 걸린 '키토 아야'라는 여학생이 투병 생활 동안 썼던 일기를 엮어 책으로 출간한 것으로 드라마가 만들어질 만큼 인기를 얻은 베스트셀러이다. 여느 친구들과 다름없이 건강했던 몸이 어느 날 갑자기 비틀거리게 되고, 걷다가 쓰러지고, 결국에는 음식물을 씹는 것도 어려워지는 지경에 이르기까지 일상을 무너뜨리는 병과 맞서 살아가는 소녀의 이야기를 읽노라면 내 의지대로 걷고 달릴 수 있음이 얼마나 감사한 일인지 절로 느끼게 된다. 읽으면서 마음이 먹먹해지지만 글에서 '키토 아야' 특유의 밝은 성격이 자연스럽게 묻어나 왠지 모르게 눈물 속에서 웃음이 피어난다.

2 초등 고학년의 봄 수업

새 학년 새 학기를 위한
마음가짐 정비하기

초등 고학년 아이를 둔 부모라면 초등학생이던 내 아이가 곧 중학교에 간다는 생각에 여러모로 고민이 많을 시기다. 무엇을 준비해야 할지, 아이에게 이 시기에 중요한 것이 과연 무엇일지 생각해봐야 할 시기다. 물론 중학교에 올라가면 달라지는 교과목에 대한 준비도 해야겠지만, 무엇보다 아이의 마음가짐을 정비해야 할 중요한 시기가 바로 지금이라고 생각한다. 아직 중학교에 입학하지는 않았지만, 고학년은 초등학교에서 중학교를 연결하는 중요한 순간이기에 아이들이 스스로 마음을 정비하는 것은 그만큼 중요하다. 그렇다면 부모는 과연 이 시기 아이들을 위해 무엇을 해줄 수 있을까? 아이가 일상에서 스스로 목표를 찾는 일부터 나에게 맞는 계획을 세울 수 있도록 부모가 도움을 주는 것이 필요하다. 이 챕터에서는 초등 고학년 부모가 아이와 함께 새 학년 새 학기에 무엇을 해야 할지 알려줄 수 있을 것이다.

일상에서
목표를 찾자

    학창 시절, 누구나 꿈꾸는 미래가 비슷할 것이다. 소위 말하는 좋은 대학에 가고, 대학생이 되면 얼굴도 몸매도 모두 근사해지고 패션 감각도 뛰어난 사람이 되어 있을 것만 같다. 게다가 졸업하면 돈 많이 주고 복지도 좋은 대기업에 취업하여 멋진 차도 사고 드라마 속에서나 일어날법한 로맨스도 한번 해보고 종국엔 멋진 배우자와 결혼해서 좋은 집에 사는 그런 미래 말이다. 정말 꿈같은 이야기다.

    사실 이 드라마 같은 내용은 학창 시절 나의 망상이었다. TV 드라마를 보면서 자연스럽게 나도 어른이 되면 드라마 속 주인공처럼 될 것이라 여겼다. 그런데 현실은 달랐다. 수능만 끝나면 내 인생은 180도 바뀔 것이라고 생각했지만, 난 수능을 망쳐서 재수를 하게 됐고, 재수를 끝내고 진학한 대학에서는 내가 꿈꾸었던 캠퍼스의 낭만 같은 것은 찾기 어려웠다. 여전히 초등학교, 중학교 그리고 고등학교 때와는 크게 다를 것 없는 나라는 것을 깨닫는 데는 오랜 시간이 걸리지 않았다.

지금 생각해보면 나는 '미래'라는 것을 그저 수능 점수를 잘 받아서 좋은 대학에 가는 것으로만 결론을 냈던 것 같다. 내가 뭘 좋아하는지 싫어하는지, 뭘 하고 싶은지 그런 것에 대해 제대로 생각하고 고민해보지 않았다. 늘 무엇인가가 막연했다. 좋은 대학, 좋은 회사, 좋은 집이라는 자체가 남들 보기에 그럴듯하게 사는 것이라 여겼기 때문이다. 뚜렷한 목표라는 것이 없었다. '남들처럼 살아야지' 하는 아무런 실체가 없는 것에 '막연한' 목표를 두고 살아왔던 것이다.

인생이란 자기가 무엇을 좋아하는지 싫어하는지에 대해 탐구하는 시간을 가지고, 궁극적으로는 자신이 어떤 일을 하면서 살고 싶은지를 스스로 적극적으로 찾아야 하는 긴 탐험의 시간이다. 그러기 위해서는 목표가 필요하다. 이렇게 말하니 목표라는 것이 뭔가 거대하고 대단한 것처럼 여겨질 수 있지만 실제로 목표는 우리의 사소한 일상 곳곳에서 찾을 수 있다. 예를 들어, 내일 BTS 콘서트를 보러 가기로 했다면, 혹은 내일 오전에 친구들과 만나 PC방에 가서 게임을 하기로 했다면, 아마 조금이라도 빨리 내일이 오기를 고대할 것이다. 누가 깨우지 않아도 아침에 눈이 번쩍 떠질 것이다. 나는 이런 기대감을 목표라고 정의하고 싶다.

우리가 목표에 대해 어렵게 생각하는 이유가 뭘까 생각했는데, 너무 먼 미래와 관련지어 엄청 대단한 것에 목표라는 이름을 붙였기 때문이라고 생각한다. 예를 들어, 이제 중학교 1학년인데 서울대학교에 가려고 생각하는 것과 같은 이치이다. 1년 뒤도 기다리기가 힘든 것이 현실인데, 6년 뒤에 어떤 일이 일어날지 알고 그리 먼 미래를 목표로 잡고 준비하는 것일까? 인간을 움직이게 하는 것은 보이지 않는 먼 미래보다 눈앞에 있는 가시적인 작은 성과다. 특히 아이들에게 있어 이것은 매우 중요하다. 왜냐하면 아이들은 아직 미성숙한 존재이기 때문이다. 아이들은 어른과 같은 끈기와 인내가 이미 갖추어진 상태가 아닌 그것을 갖추기 위한 준비 상태라는 것을 우리 어른들, 특히 부모들은 종종 잊고 있는 것 같다.

아이들에게 짧은 목표를 세우는 법을 알려주고 그에 따라 소소한 성취를 자주 경험하게 해주는 것은 정말 중요하다. 물론 바람직한 방법은 장거리 목표를 세운 다음, 세부적으로 짧은 목표를 잡는 것이 체계적인 목표 잡기라고 할 수 있다. 그렇지만 장기적인 목표를 세우는 것 자체를 부담스러워하는 아이들이 많다. 그리고 무엇보다 먼 미래를 생각하며 간절히 바라는 무언가가 있는 아이들이 과연 얼마나 될까? 물론 소수의 아이들, 그러니까 특수한 전공을 선택한 아이들은 미래에 대해 구체적인 모습을 잡고 살아간다. 하지만 내가 현직에서 경험한 것은 특수한 전공을 선택한 아이들조차도 자신의 미래 목표에 대해 간절하게 바라면서 살아가지 않고 있다는 것이었다. 단지 다른 아이들과 다른 것은 그저 매일매일 주어진 일정분의 연습량을 채우는 것이 목표였다는 것이다. 나는 이 부분에 중점을 두고 싶다.

'공부 잘하고 싶은 사람?'이라고 물어봤을 때 싫다고 대답하는 아이들은 없다. 대부분의 아이들은 공부를 잘하기를 바란다. 일단 공부를 잘하면 좋은 점이 많다는 것을 그들도 막연하게나마 알고 있다는 것을 보여주는 현실이다.

아이가 공부를 잘하든 못하든 관심이 있든 없든 일단 공부와 관련한 작은 성취를 느끼게 해주는 것이 정말 중요하다. 지금 당장 학교에서 아이들이 접하는 것은 대부분 공부와 관련된 일이기 때문이다.

그러기 위한 첫 번째로 아이에게 1년 뒤 자신의 모습에 대해 생각해보게 하자. 지금 나의 '현재'를 직시하고 1년 뒤엔 이보다 한 단계 업그레이드 된 상태를 목표로 설정하는 것이다. 지금 당장 6년 뒤의 목표인 서울대 대신, 1년 뒤 내가 어떤 모습일지를 상상하게 해보는 것이다. 그리고 1년 뒤 나의 변화된 모습을 위해 6개월 동안 어떤 일을 할지, 좀 더 세부적으로 3개월 동안 어떤 일을 할지 나누는 것이다. 이마저도 어렵게 느껴진다면 한 과목을 정해서 시작하는 것도 좋다. 현재 가장 어렵게 느껴지는 과목이 있다면 그 과목을 지금보다 좀 더 잘하는 것을 목표로 정하자. 아이들의 수준에 따라서 구체적으로 달성 가능한 목표를 정하고 그것을 이루는 경험을 자주 할 수 있게 도와주어야 한다. 우리가 할 일은 아이들이 통과해야 하는 수많은 문들을 빨리 지나갈 수 있게 안내하는 것이 아니다. 그저 아이가 목적지를 정하도록 조언을 해주고, 아이 스스로 지도를 보면서 길을 찾아갈 수 있도록 '할 수 있다'는 마음의 힘을 길러주는 것임을 명심하자.

아이들과 미래에 대해
자주 이야기하자

　일상에서 아이들의 목표를 정하기 위해서는 아이들과 미래에 대해 자주 이야기 나눌 필요가 있다. 어떤 사람으로 살아가야 할 것인지, 어떤 일을 하고 싶은지 끊임없이 이야기해야 한다. 여기서 중요한 것은 남 보기에 좋으라고 그 기준을 좋은 대학 가는 것에 목표를 맞추면 안 된다는 것이다. 누구나 SKY를 꿈꾸지만 세상 모든 사람이 그곳에 갈 수 없고, 또 그럴 필요도 없다. 이른바 명문대를 나오면 '잘 먹고 잘 살던' 시대는 끝났다.

　왜 부모들은 아이들에게 남들처럼 살아야 하는 것을 강조하는 걸까? 남들처럼 살 것을 강조할 것이 아니라 아이 스스로 인생에 있어 중요한 가치를 정하고, 그 가치대로 살아갈 수 있는 '뚝심'을 가질 수 있도록 도와주어야 한다. 그 가치는 곧 자기가 하고 싶은 일로 이어질 것이다. 하고 싶은 일은 주로 직업과 관련되는데 세상에는 많은 직업이 있고, 또 미래에는 지금과는 천차만별로 직업이 달라질 것임을 알려주고 함께 알아가는 것이 필요하다.

얼마 전에 우리 반 아이들과 다양한 직업 세계에 대해 알아보았다. '#옆반선생님'이라는 닉네임의 선생님 자료를 활용했는데, '유퀴즈'라는 프로그램에서 소개된 다양한 직업인의 인터뷰를 모아놓은 자료였다. 무려 100여 개의 직업인들의 인터뷰가 소개되었다. 아이들 역시 많은 직업에 놀라워했고, 아이들은 각각 자신이 관심 있는 직업인의 인터뷰 하나를 감상한 후, 간단한 학습지를 작성해보았다. 아는 만큼 보인다는 것은 이럴 때 적용된다. 부모로서 어른들이 해주어야 할 일은 바로 이런 일들이다. 아이들이 무엇이 될지, 어떤 일을 하고 살아갈 것인지를 정해주

는 것이 아니라 수많은 선택지를 알려주고 스스로 선택하게 하는 것 말이다.

꿈은 반드시 이루어진다

누구나 장기적인 목표는 비슷할 것이다. 잘 먹고 잘 사는 것. 그러기 위해서 '나'는 무엇을 좋아하고, 어떤 일을 하면서 살아가고 싶은지 항상 생각하며 살아야 한다. 이것이 바로 꿈이다. 꿈이라는 것은 내가 이룰 수 없는 엄청나고 대단한 것이 아니다. 이루어질 수 없기에 꾸는 막연한 망상이 아닌 일상에서 내가 이룰 수 있는 사소하고 별거 아닌 꿈들을 자꾸자꾸 찾으면서 이루어가야 하는 그런 것이다.

꿈을 이루지 못한 대다수의 사람들은 꿈은 꿈일 뿐이라고 이야기한다. '나는 하버드에 갈 거예요'라고 말하는 초등학교 1학년 아이를 보며 초등학교 6학년 아이는 '아직 현실을 모르네. 네가 6학년이 돼봐'라고 생각할 것이다. 사회생활을 하는 대부분이 그렇다. 한껏 기대에 부풀어 있는 신입 사원을 보면서 '아직 현실을 모르네'라며 풋내기 취급을 한다. 굳이 그럴 필요가 있을까? 꿈꾸는 것은 절대 잘못된 것이 아니다. 모든 사람이 불가능하다고 여겼던 일들에 도전한 사람들이 결국 꿈을 이루었고, 동시에 큰 성공을 거두었다. 그러니 희망찬 꿈을 꾸는 내 아이들에게 온 힘을 다해서 말해주자. '그래. 반드시 이룰 수 있어', '넌 할 수 있어'라고 말이다.

그리고 아이들과 일상의 소소한 것들에 대해 자주 대화하자. 일상에서 사소하게 이룰 수 있는 꿈을 정하도록 도와주고 그 목표가 결코 헛된 것이 아니라는 것을 알 수 있도록 해주자. 이룰 수 있는 꿈이 있다는 것은 지겨운 일상을 즐겁게 만드는 원동력이 된다. 우리의 일상에는 그 꿈을 이루기 위한 구체적이고 사소한 목표가 필요하다. 그리고 꿈을 이루기 위해서는 반드시 지겨운 매일이 존재한다는 것도 알아야 한다.

목표를 위한 계획, 이렇게 세우자

　누구나 새해가 되어 새로운 마음을 잡고 다이어리를 구매한 경험이 있을 것이다. 나 역시 학생 때부터 나에게 맞는 다이어리를 사는 것이 연례행사였다. 단짝 친구와 대형 서점에 들러서 온갖 다이어리를 구경하면서 예쁜 펜까지 고르던 기억이 생생하다. 하지만 새해에 야심차게 준비했던 만큼 다이어리 쓰기는 오래가지 못했다. 처음 3, 4월까지는 열심히 쓰다가 흐지부지 되기 일쑤였다. 그럼에도 새해가 되면 그 행동들은 반복됐다. 왜 흐지부지 되었을까? 생각해보니 무엇인가 기록은 하고 싶은데 방법을 잘 몰랐던 것 같다. 아니면 야심차게 세운 계획만큼이나 일상은 색다르지 않았기 때문일지도 모르겠다.

대학 때 만난 친구들 중에 계획을 세우는 것이 습관이 된 친구들이 있었다. 나와 친구들은 기숙사 생활을 했기 때문에 사소한 일상들을 자연스럽게 알게 됐는데, 친구들은 학기가 시작되면 달력이나 작은 수첩에 한 학기의 일정을 기록했다. 나는 친구들이 다이어리 쓰는 것을 옆에서 그저 멀뚱멀뚱 보기만 했었다. '그렇게 쓰는 게 무슨 의미가 있냐'고 반문하는 내게 친구 한 명은 '계획을 세우는 것만으로도 기분이 좋다', '해야 할 일들이 정리가 돼서 좋다'고 했다. 그때는 이해하지 못했던 그 말이 가끔씩 생각나면서 그 의미를 몸소 깨닫고 있다.

습관이 되지 않아 어렵기만 한 계획, 어떻게 세우는 것이 좋을까? 그리 어렵지 않으니 다음의 방법으로 아이들과 함께 계획을 세워보자.

① 학사력 탁상 달력을 활용하자

아이들이 스스로 자신이 해야 할 일들을 정리하는 시간을 주는 것이 필요하다. 누가 시켜서 하는 것이 아니라 스스로 할 일을 정하는 것 말이다. 그것이 곧 계획 세우기가 된다. 아이들에게 계획을 세워보라고 하면 늘 무엇을 해야 할지를 몰라서 우왕좌왕하는데, 거창하게 생각할 필요 없다. 아이들이 학교에서 매년 받아오는 학사력 달력을 사용하는 방법이 있기 때문이다. 학사력은 학교 교육과정을 바탕으로 그 학년도의 주요 일정들을 한눈에 볼 수 있어 학교 계획을 중심으로 흘러가는 아이들의 일상을 정리하는데 가장 좋은 방법이다. 이 달력을 바탕으로 학교의 주요 일정을 확인하면서 가족 전체의 행사 및 아이들의 개인적인 행사들을 기록해보자. 별거 아니지만 그 행위만으로도 아이들은 자연스럽게 자신의 1년 모습이 머릿속에서 정리가 될 것이다.

그다음은 월별 계획을 세우는 것이다. 내가 제안하는 것은 한 달에 두 권 정도 아이들이 읽을 책을 직접 적게 하는 것이다. 달력 맨 위 빈 공간에 그 달에 읽을 책 제목을 적게 해보자. 1년 치를 한꺼번에 전부 쓰지 말고, 1학기 6개월, 2학기 6개월로 나눠 쓰게 해도 되고, 다음 달에 읽을 책만 정리해도 된다. 1월이면 2월 것까지, 2월에는 3월 책을 미리 선정하는 정도로 말이다. 그리고 읽을 책들을 구입하기 위해 서점에 가는 날을 미리 정해 달력에 동그라미로 표시해두자. 한 달에 한 번은 서점에 가는 날이 정해질 것이다. 아니면 도서관에 가는 날로 정해도 된다. 요즘은 학교 도서관을 비롯해 동네마다 도서관이 잘 정비되어 있으니 활용해보자. 무엇을 읽어야 할지 아무 계획 없이 가는 것이 아니라 이렇게 계획을 세우고 가면 목적이 분명해지기 때문에 가서 하릴없이 서성이는 일은 없을 것이다. 그렇게 두 권의 책을 정하게 되면 자연스레 2주에 한 권 분량이 나뉘게 되고, 일주일에 읽을 반 권 분량이 나눠진다. 그것은 결국 하루에 20~30쪽 정도 읽어야 한다는 말이기도 하다.

월별 계획이 다 세웠졌다면, 이제 그 달의 목표를 구체적으로 정해보자. 공부든 운동이든 아이들이 원하는 목표치가 분명 있을 것이다. 공부라면 과목별로 한 달 치 분량을 정해보자. 목표라는 것을 점수화할 필요는 없다. 수준별로 다르겠지만 학교 진도에 따라서 과목별 문제집을 푸는 것으로 하면 된다. 중요한 것은 내가 어느 정도 할 것이라는 분량을 미리 정하는 것이다. 특히 단순 암기가 아니라 꾸준히 실력을 연마해야 하는 수학 같은 과목은 매일의 분량을 정하는 것이 중요하다. 이미 아이들의 1년은 학기제로 나뉘어 있고 그에 따라 교과서와 문제집의 분량은 정해져 있기 때문에 이것은 그리 어렵지 않다. 한 달에 한 번, 예상되는 진도에 따라서 내가 풀 문제집의 분량을 정하는 것만으로도 공부에 대한 부담을 낮출 수 있다. 아무리 두꺼워 보이는 문제집도 그렇게 나누면 하루에 해야 할 분량이 확 줄어든다. 그렇게 한 달 치를 나누면 일주일과 하루에 해야 할 것이 정해지게 된다. 계획표를 보면 결국 매일 한두 장 정도만 교과

유진쌤의 팁

시간으로 계획하지 마세요 & 문제집은 얇을수록 좋아요

부디 하루의 계획을 세울 때 국어 1시간 수학 1시간 이렇게 계획을 세우지는 말았으면 좋겠다. 시간으로 양을 정하는 것은 그냥 그 시간을 때우는 것으로 채우기가 쉽다. 그리고 1시간이 지나도 내가 뭘 했는지를 모를 가능성이 높다. 그렇기 때문에 정한 분량을 완수하는 것으로 정하는 것이 좋다. 그러면 효율이 높아진다. 빨리 끝내면 빨리 쉴 수 있기 때문이다.

　문제집을 고를 때는 아이의 수준에 맞는 문제집을 고르는 것도 좋지만 가급적 얇은 문제집을 고르는 것도 좋다. 모든 일에 있어 과정이 중요하긴 하지만 결과가 눈에 보이지 않는 것 만큼 사람을 지치게 하는 것은 없다. 아이들은 큰 성취감보다 작은 성취감을 자주 느끼게 해주는 것이 좋다. 그런 의미에서 얇은 문제집을 선택하면 성취감을 느낄 확률이 좀 더 높아진다. 두꺼운 문제집에 비해 한 권을 다 풀게 될 가능성이 높아지기 때문이다. 절대값으로 같은 분량을 풀었을지라도 풀다 만 것과 한 권을 다 풀어낸 것의 차이는 하늘과 땅 차이만큼이나 클 수 있다.

공부를 하면 된다는 것을 아이 스스로 알게 된다.

② 습관 공책으로 아이의 하루를 체크하자

학사력을 이용해 매일 해야 할 학습 분량이 정해지면 이제 하루하루 내가 무엇을 해야 할지에 대한 고민이 없어진다. 대부분의 아이들은 책상에 앉아서 무엇을 해야 할까 고민하며 생각보다 많은 시간을 소비한다. 계획을 세운다는 것은 이런 것이다. 뭘 읽어야 할지, 무엇을 공부해야 할지에 대한 고민을 덜어준다. 많은 아이들이 뭘 해야 할지 몰라서 시간을 소모한다. '티끌모아 태산'이라는 말처럼 그렇게 쌓이는 시간과 분량은 어마어마하다. 그러니 계획을 세우자. 계획을 세워 하루치 분량을 정하고 나면 정말 하루가 단순해진다.

이렇게 만들어진 하루는 체크리스트를 통해서 체크하면 좋다. 내가 아이들과 쓰는 습관 공책이 바로 체크리스트인 셈이다. 내가 '해야 할 목록'을 적어두고 그에 따라서 체크를 한다. 그게 무슨 의미인가 싶겠지만 우리의 일상은 지루함으로 반복되는 만큼 내가 이룬 성과를 가시적으로 느끼기가 쉽지 않다. 하지만 이렇게 간단한 체크를 통해서 쌓여지는 기록을 보면 뿌

날짜 2021 년 12 월 2 째주   번호 _____

:: 나의 꿈 목록 :: 되고 싶거나 가보고 싶은, 해보고 싶거나 배우고 싶은 꿈들을 적어보세요

명언: 좀 손해보고 살아야 큰 손해를 안 본다

불편한 편의점, 수상한 진흙

:: Dreams come true :: 나의 꿈을 이루게 해주는 좋은 습관을 적고, 실천해 보세요.

습관 목록	시간 계획	월	화	수	목	금	주간 합계
취침 시간	11시 이전	O	X	X	X	O	
기상 시간	6:30~7:30 사이	O	O	O	O	O	
독서	2 챕터 이상	O	O	X	O	O	
운동(클라이밍 5회이성)	그때에 맞게	O	O	X	O		
감사일기		O	O	O	O	O	

:: 반성과 다짐 ::
월: 자가격리가 끝나서 감사하다
화: 유지훈이 날 기다려줘서 감사하다
수: 진짜 오랜만에 엄마가 재택근무를 해서 감사하다
목: 이번주에 벌써 클라이밍을 3번이나 가서 감사하다!
금: 엄마가 불닭볶음 엄청 많이 사줘서 감사하다

습관 공책 예시(키즈바인더 습관기록장_kidsbinder.co.kr)

듯하다. 아이들이 직접 '티끌모아 태산'을 눈으로 경험하게 된다. 처음 한 장을 채웠을 때는 아무 의미 없는 것이 여러 장이 쌓이면서 마침내 한 권의 공책을 다 쓰게 될 때 느끼는 뿌듯함이 아이들의 자존감이 쌓이는 증거이다. 의미 없는 동그라미표시라고 생각하지 말고 한 번 도전해보자. 그리고 얼마의 시간이 지난 뒤 내가 했던 기록들을 한 번 돌아보자. 자기도 모르게 뿌듯함이 밀려온다는 것을 느끼게 될 것이다.

③ 감사 일기를 쓰게 하자

내가 아이들과 쓰는 습관 공책에 꼭 들어가는 것 중 하나가 바로 감사 일기 쓰기다. 습관 공책의 맨 아래쪽에 월요일부터 금요일까지 하루 한 개씩 감사 일기를 쓰게 하고 있다. 한 번은 우리 반 아이 한 명이 감사 일기를 매일 하나씩 쓰는 것이 그저 그런 것 같다고 이의제기를 했다. 매번 생각하는 게 쉽지 않으니 일주일에 한두 개씩만 쓰는 게 어떻겠냐는 것이었다. 그렇게 하면 지난 한 주를 돌아보면서 찬찬히 생각도 가지고 의미 있는 시간이 될 것 같다는 것이 아이의 생각이었다.

물론 그 아이의 말도 일리가 있었다. 하지만 내 생각은 다르다. 매번 생각하는 게 쉽지 않다는 말은 별로 쓸게 없다는 것을 뜻한다. 그 말을 다시 풀이하면 지금 내가 갖고 있는 것들을 당연하다고 생각한다는 것과 다를 바가 없다. 예를 들어 '우리 가족이 모두 건강해서 감사하다'라는 것을 오늘 썼는데 내일도 쓰려고 하니 똑같은 말만 반복되는 것 같다는 것이다. 하지만 그것이 바로 감사 일기를 매일 써야 하는 핵심이다. 감사 일기를 쓰다 보면 매일 똑같은 일들이 나에게 반복되고 있다는 것을 알게 된다. 맛있는 점심을 먹을 수 있어서 감사하고, 학교에 와서 친구들을 만날 수 있어서 감사하고, 오늘 체육을 할 수 있어서 감사하고, 아침에 해가 떠서 감사하고, 아무 사고가 없어서 감사하다. 이런 일들은 어찌 보면 감사 일기를 쓸 만큼 대단한 일처럼 느껴지지 않을 수도 있다. 감사 일기라 하면 뭔가 특별한 일들을 적어야 할 것 같은데, 매번 똑같은 것들을 적으려니 의미가 없는 것처럼 느껴지는 것이다. 하지만 정말 별거 아니라고 생각하는 일들로 인해 우리의 일상이 굴러가고 있다는 것을 알아야 한다.

　내가 우리 애들과 자주 가는 동네 놀이터에서 가끔 뵈었던 손녀를 돌보는 할머니의 말씀이 이럴 때 적당한 것 같다. 남편이 살아생전에 가정을 건사하기 위해 참 열심히 일했는데 당시에는 그걸 잘 몰랐다고, 돌아가시고 나니까 그걸 알아주지 못했던 게 생각나서 한 번씩 미안한 마음이 든다는 말씀이었다. 우리 삶은 그런 것이다. 너무도 당연한 것들에 대해 감사함을 잊고 살아간다. 내가 신혼 초에 남편과 자주 싸웠던 이유도 대부분 그것 때문이었다. 남편이 그 정도 하는 것은 당연한 거 아니냐는 생각이 늘 나의 머릿속을 지배했다. 지금도 한 번씩 그럴 때가 있지만 이제는 예전처럼 당연한 것이라고 생각하지는 않는다. 감사한 마음까지는 아니라도 그것이 당연한 것은 아니라는 생각을 하면 서운한 마음이 조금 누그러진다. 감사 일기를 쓰면서 감사할 일들을 떠올리게 된 습관 때문이다.

요즘은 코로나로 인해 평범한 일상이 얼마나 감사한 일인지를 새삼 깨닫게 되었다. 아무 일도 일어나지 않아서 지겹다고 여겨졌던 일상이 얼마나 소중한 것인지를 다시금 생각하게 한다. 아이들에게도 주변의 당연한 일들이 얼마나 감사한 일인지를 생각해보게 하는 것도 도움이 될 것이다.

④ 하루를 돌아보게 하자

　인간과 동물의 차이가 많겠지만 나는 그중에서도 '부끄러움'이라는 것을 들고 싶다. 인간은 부끄러움을 느끼기 때문에 반성하고 더 나은 모습으로 나아갈 수 있는 발전이라는 것이 있다. 그래서 초등학생들이 쓰는 알림장이나 일기장 같은 공책에 '하루 반성'이나 '다짐'과 같은 칸이 따로 있다고 생각한다. 하루에 한 번쯤은 나의 하루를 돌아보는 시간이 필요하기 때문이다. 그래서 어떤 사람은 꾸준히 일기를 쓴다. 그런 시간이 가져다주는 자기만의 치유와 성장이 있다는 것을 어렴풋이 느끼고 있기 때문이리라. 나는 글을 쓰면서 그런 기분을 알게 됐다. 글쓰기는 상당한 치유 효과가 있다. 누가 보든 보지 않든 쓰는 행위 자체로 이미 나의 불만과 욕구들이 해소되는 경험을 할 수가 있는데, 그것의 기본이 바로 '일기 쓰기'인 것이다. 하지만 글쓰기에 부담을 느끼는 아이들이 일기를 쓰는 것이 쉽지는 않다. 그래서 나는 하루 한 줄 감사 일기를 쓰라고 한다. 한 줄이라도 쓰기 위해서 오늘 하루를 돌아보는 것과 그렇지 않는 날들의 차이는 지금 당장 눈에는 보이지 않을지라도 몇 날 며칠 그리고 몇 달이 쌓이면 분명 아이들이 성장하는 데에 큰 영향을 줄 것이라 믿는다.

하루 한 줄의 감사 일기를 쓰기 위해 오늘 하루를 돌아보면 좋았던 일도 후회되는 일들도 분명히 있을 것이다. 내가 잘한 일, 내가 잘못한 일도 떠오른다. 그런 가운데 정말 다행이다 싶은 일, 그런 일을 한 번 적어보면 좋겠다. 자연스럽게 반성을 하게 되고 동시에 나도 모르게 다짐을 하게 될 것이다. 이런 일들을 매일 하는 것이 정말 중요하다. 사람은 망각의 동물이라 하지 않았는가. 기록해두지 않으면 일상에 파묻혀 '내가 언제 이런 다짐을 했지? 내가 언제 이런 대단한 목표를 세웠지?'라며 나도 모르게 잊게 된다. 그렇기 때문에 매번 보면서 새롭게 마음을 다지는 것이다. 마치 작심 1일처럼 말이다.

내가 개인적으로 쓰는 다이어리에는 감사 일기 쓰는 칸이 세 줄 마련되어 있다. 이 감사 일기를 다 쓸 때도 있고, 하나밖에 못 쓸 때도 있다. 하지만 중요한 것은 매일 쓰기 위해 노력한다는 것이다. 아이들 말처럼 오늘은 쓸 말이 없는데 할 때도 있다. 그럴 땐 내가 가장 소중하게 생각하는 가족들을 떠올린다. 그러면 새삼 가족들에게 무심했었음을 반성하게 되고 '우리 가족이 건강해서 감사하다', '아이들이 아무 일 없어서 감사하다'

등의 문장을 쓰면서 '정말 다행이다'라는 생각을 하게 된다. 동시에 '더 열심히 살아야지', '더 힘을 내야지' 하는 의욕도 절로 생겨나는 것 같다.

⑤ 어플을 활용하자

요즘은 기록 어플이 많아서 활용할 방법이 많다. 그중 '세줄일기'라는 어플은 사진 한 장에 3줄을 쓸 수 있게 기본 틀을 만들어 두어 부담없이 쓰기에 좋은 것 같다. 다른 사람과 공유도 되고, 공개를 원치 않는다면 비공개로도 된다. SNS의 장점은 공유가 가능하다는 것과 기록 관리가 용이하다는 것이다. 누군가의 하루, 누군가의 생각을 보면서 자연스럽게 자극도 받고, 나의 하루는 어땠는지 돌아보게 된다. 게다가 비록 공개하지 않더라도 나만의 하루를 기록하고 쌓아갈 수 있다는 큰 장점이 있다. 그래서 공책 관리나 정리가 잘 안 되는 아이들은 이런 어플을 활용하는 것을 추천한다. 별 노력 없이도 보기에도 깔끔하고 그럴듯한 일기가 완성되고, 그것들을 내가 정리하지 않아도 시간에 맞게 알아서 기록해주기 때문이다. 게다가 조금씩 기록물들이 쌓이면 한 권의 책으로도 만들 수가 있다.

SNS의 부작용을 모르는 것은 아니지만 나는 SNS의 이런 순기능에 큰 비중을 두고 싶다. 잘 관리하지 않으면 흩어져 먼지가 돼 버릴 나의 생각들, 나의 하루들을 대신해서 차곡차곡 모아준다. 낱장일 때는 아무 의미 없는 조각들이 하나둘 맞춰지면서 하나의 작품이 되는 퍼즐처럼 SNS가 그런 역할을 해준다.

기록이 쌓이는 경험은 아이들의 자존감 형성에 큰 영향을 준다. 우리는 열심히 하루하루를 살아가지만 나의 기억에는 한계가 있고, 기록하지 않은 기억은 조금씩 희미해지기 마련이다. 하지만 기록을 해두면 이야기가 달라진다. 블로그든 인스타그램이든 일기 어플이든 SNS를 통해서 남겨진 기록물들은 내가 따로 정리를 하지 않아도 날짜별로 차곡차곡 쌓이게 된다. 한 번씩 들어가서 보면 '내가 언제 이런 일을 했지?'라며 깜짝 놀라게 된다. 그리고 '내가 그때 이런 생각을 했었구나'를 다시 돌아보며 자연스럽게 나의 생각의 성장을 눈으로 확인할 수도 있다. 물론 스스로 다이어리 정리를 잘하고 그 다이어리들을 잘 보관하는 아이들이라면 자기만의 방식으로 하면 된다. 하지만 기록하는 것이 어렵고 정리하는 것도 어려운 아이들이라면 이런 SNS를 활용하는 것도 좋은 방법이 될 수 있다.

'세줄일기' 어플의 이벤트에 당첨되어 우리 반 아이들과 세줄일기 쓰기를 시작했다. 아이들과 함께 일기를 써 내려가는 것은 참으로 놀라운 경험이었다. 아이들과 내가 공유하는 공간은 교실로 한정되어 있기에 아이들도 나도 교실 밖의 생활과 모습은 알 수 없다. 아이들 역시 교실에서 친하지 않은 친구들이 어떤 생각을 하는지 어떤 일상을 보내는지 잘 모른다. 하지만 '세줄일기'를 통해 우리는 일상과 생각들을 공유하면서 서로에 대해 알 수 있는 기회를 가질 수 있었다. 아이들의 졸업을 앞두고 아이들과 함께 썼던 일기를 책으로 만들어 나누어주었다. 아이들은 직접 쓴 글이 책으로 만들어져 나온 것이 마냥 신기했는지 정말 좋아했다.

유진쌤의 팁

가족이 함께 '세줄일기'를 써보세요

'세줄일기' 어플을 활용해서 가족 구성원이 모두 일기를 써보자. 아이들이 커 갈수록 가족들이 한 자리에서 밥을 먹는 일이 하루에 한 끼가 어려울 정도로 힘든 일이 된다. 그리고 다 같이 모여 있더라도 대화가 단절되는 경우도 많다. 마음은 그렇지 않지만 표현하는 것은 늘 어색하기만 하고 사춘기가 될수록 더욱 심해진다. 가족 단톡방이 있어도 서로 살가운 말을 하기가 쉽지 않다. 왜냐하면 대상이 있기 때문이다. 대화와 글쓰기의 차이는 바로 이것이다. 단톡방에서 말하기는 대화이지만 '세줄일기'에 올리는 것은 글쓰기다. 대화는 특정 대상을 향한 의도가 있지만 일기는 내 의견을 전달하기 위함이 목적이 아닌, 그저 내 생각을 풀어내는 점에서 부담이 덜하다.

우리 가족만 볼 수 있는 일기장을 만들어 각자의 하루, 각자의 삶을 공유해 보자. 부모님은 직장 혹은 가정에서 하루를 보내고 아이들은 학교나 학원에서 하루를 보낸다. 함께 있는 시간보다 각자 보내는 시간이 더욱 많기 때문에 가족이라고 하지만 실제로 서로 무엇을 하는지 잘 모르는 경우가 많다. 그렇다고 단톡방에서 일일이 내가 하루에 무엇을 하고 있는지를 업로드 하는 것은 서로 피곤한 일이다. 하지만 일기를 통해 자신의 일상과 삶을 공유할 수 있다. 각자 어떻게 하루를 보내는지, 어떤 생각들을 하는지 엿보다 보면, 각자의 삶을 좀 더 존중하게 될지도 모른다.

기록은
자존감을 만든다

나는 어릴 때부터 기록을 했고, 일기도 꾸준히 써왔지만 학생 때부터 써왔던 기록물들은 몇 번의 이사를 통해서 사라져 버렸다. 게다가 사진 앨범은 웬만해서는 펼쳐 볼 일도 거의 없다. 나의 인생은 흘러가고 있는데 어떻게 흘러가고 있는지 살펴보는 것은 참으로 쉽지 않은 일이다. 하지만 SNS를 시작하면서 내가 해 오고 있는 것들이 쌓이고 있는 것을 눈으로 확인하게 되었고 한 번씩 볼 때마다 성과에 관계없이 뿌듯함을 느낀다. 유튜브나 블로그, 인스타그램에 내가 쓴 글들과 내가 업로드한 영상들을 보면서 내가 이런 일들을 했구나 그때는 이런 생각을 했구나를 돌아보게 된다. 특히 한 번씩 우울감이 찾아올 때 지난

기록들을 보면 나도 모르게 다시 힘이 나면서 마음을 다잡게 된다. 그리고 이렇게 해 왔으니 앞으로도 잘할 수 있을 거라는 용기도 얻는다.

내가 쌓아온 기록물들이 나에게 그런 힘을 준다. 아마 아이들도 마찬가지일 것이다. 나의 하루하루는 길고 고되기만 한데, 돌아보면 남는 게 뭔지 잘 구분이 되지 않는다. 특히 공부란 것이 그렇다. 아무리 해도 결과는 쉽사리 눈에 보이지 않는다. '절대평가'라면 차라리 다행이다. 하지만 우리나라는 운전면허 같은 특정 종목을 제외하고 '상대평가'가 대부분이다. 선발인원이 정해진 시험은 '상대평가'로 합격 여부가 결정되고, 합격하지 못했다는 이유만으로 내가 그간 쏟아 부은 노력과 시간은 물거품이 돼 버리기 때문에 좌절이 깊어질 수밖에 없다. 그래서 나는 기록이 필요하다고 생각한다. 시험의 합격 여부로 내 노력들이 물거품이 되는 것을 방지하기 위해 자기만의 인생 기록이 필요하다. 포트폴리오가 그런 것이다. 대학 입시를 위해서가 아니라 내 인생의 포트폴리오를 스스로 만들어야 한다. 그런 면에서 SNS의 장점이 많다. 공개 여부는 본인이 선택할 수 있다. SNS의 부작용 때문에 고민하고 있다면 '구더기 무서워 장 못 담근다'는 말을 한번 떠올려 보면 좋겠다.

    습관 공책과 감사 일기는 그런 기록의 아주 작은 시발점이다. 하루 할 일들을 체크하고, 하루 한 줄 쓰는 감사 일기를 통해서 기록이 쌓이는 것을 경험해보면 좋겠다. 별거 아니지만 그런 것들을 통해 하루하루가 얼마나 소중한 것인지를 깨달으면 좋겠다. 나 또한 '이거 한다고 뭐가 달라지겠어?'라고 생각했는데 쓰다 보니 달라졌다. 일단 한 번 해보는 것이다. 해보지도 않고 부정적인 결론부터 내리지 말고, 일단 한 번 시도해보기를 바란다.

유진쌤의 추천 책!

체리새우: 비밀글입니다

황영미 지음 | 문학동네 | 2019

친구 관계에 스트레스를 받는 중학생 소녀의 성장소설로 주인공 '다현'이는 누구나 공감할 수 있는 캐릭터로 그려진다. 삼삼오오 아이들이 모이면 사소한 오해와 갈등이 생기면서 '은근한 따돌림'이 생겨나는데, 다현이는 친하게 지내던 친구들 사이에서 갑자기 은따를 당하게 된다. 그러다 주변의 말들에 흔들리지 않고 자기의 소신대로 살아가는 '은유'라는 친구를 알게 되면서 친구들에게 의지하지 않고 스스로 서는 법을 알게 된다. 비공개로 쓰던 블로그의 글을 공개로 전환하게 되기까지 점점 단단해져 가는 주인공의 모습이 마치 내 모습인양 또래의 아이들이 공감할 수 있는 이야기가 많이 그려진다. 책의 제목은 책 속에서 다현이가 운영하는 블로그 이름이다.

2교시

초등 고학년의 여름

: 우리 아이 공부습관 만들기

1
초등 고학년의 여름 수업

구체적이고 현실적인 목표 설정하기

이루어질 수 없기에 꿈인 걸까? 예전 나의 고3 담임선생님께서는 우스갯소리로 그런 말씀을 하셨다. 미술하면 천천히 망하고 음악하면 빨리 망한다는 말에 따라 그 분야에 꿈을 가진 자녀의 진로를 막았을 때, 부모의 말에 따라 이를 포기하는 놈이라면 이미 안 될 거라고. "할 놈은 어떻게든 한다"는 그 말이 한 번씩 떠오른다. 어쩌면 선생님의 말이 맞을지도 모른다. 하지만 진심으로 걱정하는 부모를 거스르면서까지 자신의 꿈을 펼치고자 하는 아이들은 흔치않다. 아이를 걱정하는 부모의 마음이나 그런 부모의 기대에 부응하고자 하는 아이들의 마음에는 큰 차이가 없기 때문이다. 그렇기 때문에 어떤 길로 가야 한다는 진로를 정해주기보다 뭐가 됐든 한 번 해보고 싶다는 마음을 먹게 하는 일이 무엇보다 중요하다. 이제 본격적인 수업이 시작되었다. 일단 마음을 먹는 것부터 알려주자.

마음먹기부터
시작하자

 설 연휴에 TV를 보다가 금슬이 좋은 한 노부부를 보게 됐다. 할머니에 대한 할아버지의 사랑은 참으로 각별해보였다. 할아버지는 집 안 곳곳에 있는 문마다 할머니의 사진을 크게 인화해서 붙여 놓고는 그 사진을 마주할 때마다 사진에 입맞춤을 하셨다. 피디가 왜 이렇게 할머니 사진을 붙여 놓았는지 묻자 할아버지는 이렇게 말했다.

 "사랑하기로 했기 때문입니다. 누군가를 사랑하는 데 있어 가장 중요한 것은 바로 사랑하기로 마음을 먹는 일이지요. 나는 할머니를 사랑하기로 결심을 했기 때문에 이렇게 곳곳에 사진을 붙여 놓고 매일 내 마음을 확인하는 거예요."

나는 할아버지의 인터뷰를 들으면서 성말 대단한 분이라는 생각이 들었다. 그리고 할아버지의 말씀에 전적으로 동의했다. 그 말씀처럼 우리가 하는 모든 일의 우선은 마음을 먹는 것이라 생각한다. 물론 마음만 먹어서 되는 것은 아니지만 일단 시작하려는 마음가짐이 무엇보다 중요하다. 시작이 반이라는 말처럼 일단 결심을 하는 것이다. 김영민 작가의 책《공부란 무엇인가》에서도 '공부하는 과정보다 어려운 것이 고된 공부를 하려고 마음먹는 일이다.'라는 말이 나온다. 이처럼 무언가를 시작하기 위해 마음을 먹는 일이 일의 시작임과 동시에 마음가짐이 되는 것이라 할 수 있다.

마음먹기는 '오늘부터' 시작하자

그렇다면 마음을 먹는 것이란 어떤 것일까? 학교에서 아이들을 보면 누구나 공부를 잘하고 싶어 한다. 실제 성적이 좋은 아이든 아니든 누구나 공부를 잘하고 싶어 한다. 그건 당연한 욕망이 아닐까. 하지만 공부 잘하고 싶다는 것이 막연하기만 한 아이들이 의외로 많다. 단지 잘하고 싶다는 생각에만 그치는 경우가 대부분이다. '공부를 잘하고 싶다' 혹은 '공부를 잘했으면 좋겠다'는 것은 '바람'일 뿐이다. 이것은 어찌 보면 '로또가 되면 좋겠다'라는 것과 별반 다를 게 없다. 그건 내 의지가 아닌 어떤 외부의 힘에 기대는 것이기 때문이다. 하지만 내가 공부를 잘해 보겠다고 마음먹는 것 혹은 결심하는 것은 내 의지를 담는 것이다. 그저 바라는 것과 의지를 담는 것의 차이는 크다. 의지에는 자기 자신의 태도가 담기기 때문이다.

예를 들면, 감나무에서 감이 떨어지기를 기다리는 것이 '바람'이라면 감을 맛보기 위해 감을 따겠다는 것이 바로 '결심'이고 '마음먹기'인 것이다. 전자의 경우는 내가 할 일이 없다. 그저 감나무 밑에서 기다리는 수밖에. 하지만 후자의 경우라면 얘기는 달라진다. 감을 먹기 위해 여러 가지 방법이 동원될 수 있다. 망태기나 집게, 혹은 사다리 같은 도구를 구할 것이고, 더 좋은 방법을 찾기 위해 다양한 방법을 시도해볼 것이다. 둘 중에서 감을 먹게 될 확률이 높은 것은 누구일까?

잘하고 싶은 어떤 것이 있다면 그것을 해보겠다고 결심하는 순간이 꼭 필요하다. 이것저것 잘하는 아이들은 아마 스스로 알게 모르게 결심을 했다고 생각한다. 한 번 해보기로 마음을 먹는 것, 아이들이 바라는 어떤 미래가 있다면 그 모습에 가까워지기 위해 해야 할 일들과 포기해야 할 일들에 대해 결심하는 것이 필요하다.

내가 좋아해서 열 번도 넘게 봤던 만화 중에 《슬램덩크》라는 작품이 있다. 거기에 '서태웅'이라는 인물이 나온다. 사실 처음 몇 번 읽을 때만 해도 그 캐릭터에 대한 애정이 없었다. 그저 농구만 잘하는 냉혈한이라고 생각해서 애착이 가지 않았다. 그런데, 최근에 다시 읽으면서 그 인물에게 동의하게 된 장면이 있었다.

서태웅의 인생은 그야말로 농구다. 재능도 있고 노력도 더해져 농구를 잘하고 사실 농구밖에 모른다. 그러다가 자기보다 강한 상대(윤대협, 정우성)를 만나면서 더 잘하고 싶은 욕심이 생기게 되고, 감독님을 찾아가 정우성처럼 자기도 미국에 가고 싶다고 말한다. 하지만 감독은 아직 라이벌들의 실력에 미치지 못하니 일단 국내에서 최고의 선수가 되라며 제안을 거절한다. 자존심이 상한 서태웅은 바로 발끈하지만 집으로 돌아가는 길에 감독의 부인으로부터 예전 제자의 섣부른 결심이 낳은 실패담을 듣고 감독의 말에 따라 국내 최고의 선수가 되기로 '결심'한다. 이때부터 날카로웠던 그의 눈빛은 더욱 매서워지고 머릿속에서 '농구' 이외의 것들은 모두 지워진다. 그를 방해하는 잡념이 사라지면서 정확한 목표 하나만을 마음속에 품은, 그야말로 '단호한 결의'가 생겨난 것이다. '단호한 결의'라는 대사는 이후 주인공 강백호가 진정한 깨달음을 얻는 장면에서 쓰이는 말인데, 나는 《슬램덩크》의 '단호한 결의'를 생각하면 서태웅의 그 날카로운 눈빛이 먼저 떠오른다. 이전에는 그저 스쳐 지나가면서 봤던 그 장면이 뇌리에 박히게 된 건 서태웅의 그 '결심'이 무엇인지 진심으로 알게 되었기 때문이다.

나는 아이들에게도 그런 '단호한 결심'의 순간이 오길 바란다. 그렇게 단단한 마음을 먹게 되면 서태웅처럼 정리되는 것이 있을 것이다. 그때는 해야 할 것과 하지 말아야 할 것이 구분되리라고 생각한다. 물론 그 결심을 하는 것이 쉬운 일은 아니다. 하지만 한 번쯤은 필요하다. 매일 다시 결심을 하는 것도 좋다. 하지만 그때에는 '내일부터'가 아닌 '오늘부터'가 되어야 한다. 매일 다시 결심해도 괜찮으니 부디 '오늘부터'를 다짐하면서 실천해보자. 나의 인생을 걸고 말이다.

꿈은 이루어진다

'좋아하는 일을 찾아라', '꿈을 가져라'라는 말은 아이들이 많이 듣는 말일 것이다. 내가 유튜브를 통해 소개하는 많은 책에서도 주로 그 메시지가 담겨 있으니 말이다. 정말 좋은 말이지만 어찌 보면 막연한 말이기도 하다. 너무 많이 들어서 지겹다고 생각할지도 모르겠다. 그래도 과거에 비하면 꿈을 가지라는 말을 해주는 사람이 많다는 것은 참 좋은 변화라 생각한다. 사실 내가 학생이었던 시절만 해도 '꿈'에 대해 이야기하는 사람이 별로 없었다. 그 시절에는 꿈이라기보다는 그저 공부를 잘해야 한다는 생각이 팽배했던 것 같다. 내가 고등학교 때 방송부 일을 열심히 했던 이유 중의 하나는 당연히 나의 꿈과 연결

될 것이라는 생각 때문이었다. 하지만 나는 방송부와는 전혀 관계 없는 대학의 학과로 진학하게 됐고, 자연스럽게 꿈과 현실은 다른 것이라 여기게 됐다. 내 주변의 친구들도 나와 비슷했다. 수능 점수에 맞춰서 대학과 학과를 정해 진학했고 졸업해서도 다르지 않았다. 그래서인지 나는 꿈을 이루는 사람은 아주 특별한 사람이라고 생각했다.

하지만 나는 교사가 돼서도 아이들에게 '꿈을 가지라'고 이야기했다. 정작 내가 그 꿈에 대해 막연하게 생각하면서 살고 있음에도 불구하고 아이들에게는 으레 하는 이야기로 꿈을 가지라고 이야기했고, '책을 읽으면 좋다'고 했다. 거기에 더해 '공부를 잘하면 선택의 기회가 많을 것'이라는 누구나 할 수 있는 이야기도 했다. 아이들에게는 그리 이야기했지만 정작 내 인생은 허했다. 인생의 '수순'처럼 취직하고, 결혼하고, 아이를 낳고 누구도 강요한 적 없는 그런 절차를 스스로 실행했다. 그리고 어느 순간, 내 인생은 이제 누군가의 엄마이자 아내로 그리고 선생님으로 끝이라는 생각이 드니 그 무엇으로도 표현할 수 없는 허망함이 찾아왔다. 그러다가 새벽 기상이라는 것을 알게 되고 여기서 끝이 아니라 무엇인가를 다시 도전해볼 수 있다는 것을 알게 되면서 생각이 바뀌게 됐다.

꾸준히 하는 것부터 시작하자

　나는 새로운 마음을 가지고 새벽 기상과 달리기를 하고 글을 쓰면서 '꿈을 꿀 수 있구나, 그 꿈을 이룰 수도 있겠구나'라는 것을 알게 됐다. 하지만 그보다 중요한 것은 나 자신에 대해서 조금씩 알게 됐다는 것이다. 내가 무엇을 좋아하는지 싫어하는지를 말이다. 나는 평소 내 주장을 크게 내세우는 일이 없었고 이래도 그만 저래도 그만인 경우가 많았다. 그런데 무엇인가를 꾸준히 하다 보니 나에 대해 탐구할 시간이 많아졌다. 처음에 생각했던 것과는 다르게 나 자신을 알게 되는 선물까지 받게 된 것 같다.

　누가 뭐라고 하던 하지 않던 새벽에 일어나서 매일 1시간씩 글을 쓰는 것이 내가 세운 목표다. 달리기는 주 3회, 글쓰기는 주 5회로 계획하고 3년간 실천하면서 나는 글쓰기를 좋아하고 잘하고 싶은 사람이라는 것을 알게 되었다. 늘 막연하게 '작가'를 꿈꾸었지만 그것은 글쓰기에 특별한 재능을 가진 사람들의 영역이라고만 생각했지, 재능 없는 평범한 사람이 이룰 수 있는 영역이라고 생각조차 하지 못했다. 그런데 글쓰기를 하면서 내가 글쓰기를 좋아한다는 사실을 알게 됐다. 물론 글쓰기는 어렵고 힘든 일이며 아직까지 딱히 이룬 것은 없지만 적어도 하나는 알게 됐다. 꾸준하게 해야 좋은 것이든 싫은 것이든 알게 된다는 것을 말이다.

아이들은 좋아하고 싫어하는 것을 판단하여 구분 짓는 데까지 걸리는 시간이 길지 않다. 아이들은 생각보다 일찍 결론을 내리고야 만다. '나는 원래 그거 안 좋아해', '나 그거 한번 해봤는데 별로였어' 대부분 한두 번의 경험만으로 자신의 호불호를 단정 짓는다. 특히 자신이 잘하지 못하고 자신 없는 것은 싫어하는 것으로 치부하고 그 이후에 다시 도전해보겠다는 생각을 하지 않는다. 하지만 내 경험에 비추어보면 적어도 1년 정도는 매일 해봐야 좋은지 싫은지를 구분할 수 있다는 판단이 들었다(솔직히 1년도 짧다고 생각한다.). 그러니 고작 한두 달 정도로는 절대 판단할 수 없다. 내가 아는 지인은 태권도, 피아노, 수영 등 아이들이 하고 싶다고 하면 적어도 4년은 꾸준히 하겠다는 약속을 받은 뒤 하게 한다고 한다. 처음 그 말을 들었을 무렵, 4년은 너무 긴 시간이 아닐까 싶었는데 이제는 그 4년의 의미를 알 것만 같다.

절대로 몇 번 해본 것만으로는 내가 그 일을 좋아하는지 싫어하는지 말할 수 없다. 적어도 몇 년간은 아이들이 매일 해볼 수 있는 끈기를 가지기를 바란다. 꾸준히 하는 가운데 자기가 진짜 좋아하는지를 알 수 있을 것이고, 후회도 미련도 없을 것이다. 좋아하는 것도 싫어하는 것도 일정 시간의 투자가 없으면 알 수 없다는 것을 알아야 한다.

물론 꾸준히 하는 것은 쉬운 일이 아니다. 나 역시 새벽에 벌떡벌떡 일어나는 날도 있지만, 일어나기 힘들 때면 '내가 지금 뭐하고 있나'라는 생각이 들기도 한다. 특히 해가 늦게 뜨는 겨울은 더욱 그렇다. 하지만 이제는 그렇게 다시 잠들면 후회할 것을 알기에 일단은 일어나서 책상 앞에 앉거나 달리기를 하러 나간다. 달리기도 막상 시작하기 전까지는 뛰기 싫고, 막상 뛸 때도 힘들지만 뛰고 나서의 그 상쾌한 기분을 알기 때문에 그냥 뛰게 되는 것 같다. 글을 쓸 때도 매일이 막막하고 자리에 앉으면 뭘 써야 할지 두려움이 몰려온다. 하지만 자리에 앉으면 어떻게든 쓰게 된다는 것을 안다. 어떤 글이 됐든 자리에 앉으면 쓰게 된다. 그리고 1시간 정도를 쓰고 났을 때 오늘도 나의 분량을 해냈구나 싶은 뿌듯함이 몰려온다. 글을 쓰는 것은 힘들지만 쓰면서 나는 치유 받았고, 내 삶은 좀 더 가벼워졌다. 게다가 결과물을 보면서 '어쩌면 나도 작가가 될 수 있겠다'는 나의 꿈에 한 걸음 더 다가가는 것만 같아서 정말 기분이 좋다. 이런 기쁨은 내가 지난 몇 년간 꾸준히 해왔기에 느낄 수 있는 것이라 생각한다.

그래서 부모들에게 바라건데 아이들에게 작은 것부터 꾸준히 하는 것을 시작하도록 해보자. 처음부터 거대하고 폼 나는 무언가를 하기보다는 아침에 일찍 일어나는 것부터 시작하게 하는 것이다. 그러면서 차차 아이가 하고 싶은 것을 찾아보고 꾸준히 할 수 있게 도와주자.

2

초등 고학년의 여름 시험

나를 위한
공부습관 만들기

공부를 잘하기는 참으로 쉽지 않은 일이다. 그런데 대다수의 부모는 내 아이가 공부를 잘하기를 바란다. 그렇다면 공부의 비법이라는 것이 있을까? 교사로서 지금껏 많은 아이들을 만나본 경험과 내가 해왔던 모든 경험들을 비추어볼 때 확실하게 말할 수 있는 것은 '모든 것은 습관'이라는 것이다. 공부 역시 마찬가지다. 습관으로 만들어야 한다. 시간에 맞춰서 학원을 가는 것이 아니라 스스로 원칙을 만들어서 자기 몸에 익숙하게 만드는 것, 그것이 바로 공부습관이다. 이 챕터에서는 습관으로 만들어두면 좋을 방법들을 몇 가지 소개한다. 물론 이 방법들이 전적으로 우리 아이에게 맞을 수는 없을 것이다. 하지만 몇 가지라도 한 번 시도해보자. 여러 가지 방법들을 적용해보다 보면 아이 스스로 자신에게 맞는 방법을 선택할 수 있을 것이다.

5:2 법칙의
공부습관을 만들자

 내가 우리 반 아이들과 하고 있는 활동 중 〈천사들의 합창〉이라는 글쓰기 노트가 있다. 글쓰기 주제로 '공부'에 대한 자신의 생각을 적어 오라고 하면 대부분의 아이들이 '하기 싫지만 미래를 위해서 참고 견뎌내야 하는 것'이라고 적어낸다. 공부를 잘하는 아이든, 못하는 아이든 하기 싫지만 해야 하는 것이라 적어 오는 것이 매번 놀랍기만 하다. 한편으로는 공부가 하기 싫고 스트레스 받지만 해야 하는 거라는 아이들의 말에 마음이 아프기도 하다. 특히 수업 시간에 귀가 닳도록 이야기를 하지만 아직도 공부의 목적을 좋은 대학에 가기 위한 수단으로 여기고 있다는 사실이 안타깝다. 아이들은 좋은 대학에 가서 좋은 직장에 들어가는 것을 인생의 올바른 길이라 여기고 그것이 행복해지는 길이라 생각한다. 하지만 알다시피 그 길을 순탄하게 간다는 건 결코 쉬운 일이 아니다. 이 순탄하지 않는 어려운 길을 통과해야만 행복해지는 거라면 세상에 행복한 사람은 과연 얼마나 될까?

물론 그 길이 틀린 건 아니지만 그 결과로 얻게 되는 것이 인생의 행복이 아닐 수도 있다. 입학 점수가 높은 대학을 나와서 남들보다 돈을 많이 주는 기업에 들어가면 내 인생은 성공이고 그 길로 행복은 보장되는 것이 아니라는 것이다.

행복은 어떤 조건으로 인해 달성될 수 있는 것이 아니다. 어떤 조건을 달성해서 기쁠 수는 있지만 그 기쁨이 절대 영원히 지속되는 것은 아니기 때문이다. 내가 그랬다. 대학생만 되면, 혹은 교사만 되면 행복해질 거라고 생각했는데 그게 아니었다. 그토록 기다리던 임용 합격 소식을 들은 날 나는 기뻤고 행복했다. 하지만 그 이후에도 나의 삶은 이어졌다. 영화나 동화 속 이야기는 언제나 해피엔딩으로 끝나지만 우리의 인생은 계속해서 이어진다는 것을 나는 이제야 알게 됐다.

그렇다면 어떻게 하면 될까? 나는 아이들이 쉬어 가는 법을 알았으면 좋겠다. 행복이 조건에 달린 것이 아니라는 것을 말이다. 내가 달리면서 든 생각인데, 일주일 단위가 참으로 탁월하다 싶었다. 주 5일제를 잘 활용하는 것이다. 출근하는 사람들에게 주말은 언제나 기다려지는 날인 것처럼 아이들에게도 이렇게 기다려지는 날을 자주 만들어주면서 다음으로 나아갈 힘을 마련해주어야 한다.

내가 생각한 5:2의 법칙이 바로 일주일을 하나의 단위로 만든 것이다. 법칙이라는 말이 그럴싸해 보이지만 굉장히 단순한 패턴이다. 5일 동안은 어찌됐든 열심히 공부한다. 학교 과제든 학원 숙제든 '월·화·수·목·금' 5일간은 최선을 다해서 해야 할 일들을 열심히 한다. 그리고 주말 이틀은 자신이 진짜 하고 싶은 일을 하는 것이다. 5일간 열심히 공부하며 쌓였던 피로와 스트레스를 푸는 시간인 셈이다. 주어진 이틀의 시간에 게임을 죽자고 하거나 친구들을 만나서 맛있는 음식을 먹거나 아무런 방해 없이 빈둥거리거나, 아니면 죽을 듯이 잠을 자거나 유튜브를 실컷 보거나 하는 것들 말이다. 이런 5:2의 규칙을 아이들이 직접 만들게 해보자. 물론 여기에는 반드시 5일간 최선을 다해야 한다는 것과 주말 동안은 아이들이 무엇을 하든지 잔소리하지 않겠다는 부모의 합의가 선행되어야 한다. 아이들을 믿어주는 부모의 인내가 필요한 시점이다.

이 법칙에서 반드시 지켜야 할 것이 있는데, 바로 아이들의 능력과 수준에 따라서 날짜를 쪼개야 한다는 것이다. 어떤 아이들은 5일을 내내 버티는 것이 힘들 수 있다. 그런 아이들은 처음에는 4:1이나 3:1 법칙으로 시작해볼 수 있다. 3~4일은 열심히 공부하고 하루를 실컷 노는 것이다. 이 기간도 버티기 힘들다면 2:1 법칙으로 시작해보면 된다. 그렇지만 1:1은 하지 않는 것이 좋다. 왜냐하면 노력해야 하는 시간은 힘든 시간인데 그 시간이 휴식 시간과 같아지면 다시 시작하기가 힘들어지기 때문이다.

이제 아이들이 이 법칙에 익숙해지면 자유자재로 사용하면 된다. 다양한 방법을 시도하면서 아이들에게 맞는 법칙을 찾아가기를 바란다. 이틀을 내리 쉬면 다시 돌아오기가 오히려 힘들다는 아이들도 있을 것이다. 그렇다면 5:1이나 4:1 법칙으로 날짜를 쪼개서 반복하면 된다. 그리고 고3 정도가 된 시점에서는 6:1 법칙을 유지하면서 공부와 쉼의 사이클을 일정하게 만들어가는 것을 해보자.

열심히 달린 후,
휴식은 꼭 필요하다

　공부습관 법칙을 만들 때 가장 걱정스러운 것은 7:0 법칙이다. 만약 일주일 내내 공부하는 시간만 주어진다면, 단기간은 어떻게든 버틸 수 있겠지만 장기간으로 이것을 이겨낼 아이들은 없을 것이다. 아이들이 노는 것이 싫고 시간이 아깝다고 쉬어야 하는 날에 각종 특강이며 공부할 것을 찾아 아이에게 종용하는 부모들이 있다. 아무리 좋은 특강이라도 일주일 동안 공부에 시달린 아이들에게 그것이 과연 얼마만큼의 효과를 가져다줄지 생각해봐야 할 문제다. 급할수록 돌아가라는 말이 괜히 있는 것이 아니다. 마라톤을 참가하는 선수들도 달리는 중에 페이스 조절도 하고, 중간 중간 영양을 공급하고, 물도 마신다. 마라톤에도 이런 과정이 필요한데, 공부라는 장기전을 해야 하는 아이들에게도 쉬며 자신을 충전할 수 있는 날은 있어야 한다. 하루쯤 푹 쉰다고 해서 절대 하늘이 무너질 일은 없다. 어쩌면 쉼을 잘 활용하는 것이 지루한 공부의 승패를 좌우하는 관건이 될지도 모른다.

무엇보다 잠시도 쉬지 않고 자신을 채찍질하며 힘들게 몰아붙이고 얻은 결과는 예상과 달리 허무할 수도 있다. 그 결과가 내가 바라는 것이었을지라도 막상 이루고 나면 허무함이 몰려오는데, 그 반대라면 얼마나 비참해질지 생각해보자. 나는 아이들이 공부하고 있는 지금도 행복해질 수 있다는 것을 깨우치길 바란다. 미래의 모습은 지금 내가 하는 일들로 만들어지는 것은 맞지만 어쨌든 지금 내 눈앞에 펼쳐진 것은 당장의 현실이 아닌가. 앞으로 어떻게 될지 모르는 보장되지 않은 미래를 바라며 지금의 행복을 포기하지 않았으면 좋겠다. 행복이란 조건이 아니라 내가 행복해지기로 한 만큼 행복해질 수 있는 것이다.

아이들에게 자주 행복해질 수 있는 방법에 대해 말해주자. 열심히 했을 때 누릴 수 있는 '자유 의지'를 아이들에게 주는 것이다. 공부하는 것도 노는 것도 부모의 의지가 아닌 스스로 계획하고 실행하고 누릴 수 있는 자유를 꼭 느낄 수 있게 하자.

유진쌤의 팁

나만의 치팅데이를 만들자

어려서부터 만화책을 즐겨봤던 나는 자연스럽게 웹툰을 접하게 됐다. 그런데 언젠가부터 정식 연재하는 작품만큼이나 베스트 도전에 올라오는 아마추어 작가의 웹툰도 즐겨보게 됐다. 그러던 중 내가 즐겨보던 아마추어 작품이 정식 연재가 되면 그것이 작은 기쁨이 되었다. 〈홍차 리브레〉라는 웹툰도 그런 작품 중 하나다. 현실이 팍팍한 서른 살 직장인의 이야기를 그리는데, 한 에피소드에서 여자 주인공이 일상의 소소한 행복을 느끼기 위해 '치팅데이'라는 걸 설정하는 장면이 나온다.

'치팅데이'는 본래 다이어트하는 사람들이 평소 식단관리를 하다가 하루 날을 정해 그간 참아왔던 음식을 마음껏 먹는 날을 뜻한다. 웹툰의 여주인공은 이 치팅데이를 지친 일상 가운데 소소한 기쁨을 느낄 수 있는 날로 활용한다. 탁상 달력, 혹은 스케줄러에 한 달에 한 번 무작위로 동그라미를 표시한다. 그리고 그날은 평소 먹고 싶었던 조각 케이크를 사거나 사고 싶었던 액세서리를 사거나 해서 오직 자신을 위한 날로 할애하는 것이다. 생일이나 공휴일 혹은 월급날은 우리가 예상 가능한 날이지만 치팅데이는 그 어떤 규칙 없이 그냥 아무 날로 정하는 것이기 때문에 기대하지 않았던 즐거움을 가져다준다. 지루한 날 가운데 보물찾기와 같은 날이 되는 것이다.

이 치팅데이를 우리 아이들에게 적용시켜보자. 공휴일과 가족들의 이벤트를 제외하고 한 달 중 하루를 표시해보자. 생일은 1년을 기다려야 하는 날이지만 치팅데이는 한 달에 한 번 찾아오기 때문에 기대감을 느끼기가 쉽다. 그리고 이 날이 기다려지는 날이 되기 위해서는 자기가 어떤 일을 할 때 행복한지가 선행되면 좋다. 이를 위해 이 책의 4교시 마지막에 제시할 행복 리스트 만들기를 함께 활용해보면 좋겠다.

한 번에
한 가지씩만 하자

잘 노는 아이가 공부도 잘한다는 것이 맞는 것 같다. 노는 것이건 공부하는 것이건 아이들에게 무언가를 할 때엔 그것에만 집중하는 방법을 일러주는 것이 중요하다. 내가 교사생활을 하면서 본 아이들의 대부분은 공부를 하는 것도 노는 것도 아닌 패턴을 가지고 있었다. TV를 켜놓고 숙제를 하겠다고 앉아 있는 아이들이 대표적이라 할 수 있겠다. 책은 봐야겠고, TV는 보고 싶고. 하지만 우리는 이 두 가지가 불가능 하다는 것을 알고 있다.

《원씽》(게리 켈러, 제이 파파산 지음)이라는 책에서는 우리가 '멀티테스킹'의 효율에 대해 착각하고 있다면서 실제로 인간은 멀티테스킹이 불가능하다고 지적하고 있다. 그렇기 때문에 동시에 여러 가지를 하려는 아이들에게 하나씩 차례대로 하는 법, 하나를 끝내고 다음 것을 하는 것을 알려주어야 한다. 한 번에 하나씩 하는 것을 말이다. 하지만 아이들의 의지에만 기대할 수는 없다. 의지란 언제든 무너지기 쉬운 것이기 때문에 시스템을 만드는 것이 꼭 필요하다. 아이가 혼자서 하기 힘든 경우 처음에는 부모가 함께 해주는 것이 가장 좋다. 처음 시작할 때에만 같이 해주어도 충분하다. 방법은 간단하다. 아이가 공부하기로 마음먹은 3일 또는 4일, 5일의 기간 동안에는 가족들이 모두 공부 모드로 돌입하여 TV를 켜지 않는 것이다. 적어도 아이가 보는 앞에서 TV나 휴대폰 보기를 자제하는 것이 좋다. 아이에게 혼자 방에 들어가서 숙제하라고 혹은 공부하라고 말하기보다 가족 모두가 식탁에 앉아서 각자의 일을 하거나 아이가 방에 공부하러 들어갔더라도 거실에서 TV는 보지 않는 것부터 시작해 보자.

질문에는 뭐라도 대답하자(아웃풋이 필요해)

　최근에 나는 가바사와 시온 작가의 《아웃풋 트레이닝》이라는 책을 읽으면서 잠시 소홀하던 블로그에 다시 관심을 기울이고 있다. '책 3권을 읽는 사람과 책 10권을 읽는 사람 중에 더 성장할 수 있는 사람은 누구일까?'라는 책 속의 질문 때문이었다. 이 질문에 아마 대부분의 사람들은 책 10권을 읽는 사람들이라고 생각할 것이다. 나 역시 그랬다. 우리 반 아이들에게도 똑같은 질문을 하니 후자라고 대답했다. 하지만 저자는 10권의 책을 읽더라도 아무런 아웃풋이 없다면 단 3권의 책을 읽었을지라도 어떤 식으로든(독후감 쓰기, 친구에게 내용 말해주기 등) 아웃풋을 한 사람의 성장이 훨씬 크다고 말한다.

나는 우리 반 아이들에게 학교에서 선생님이 하는 질문에 무슨 말이든 답을 하라고 한다. 이것이 바로《아웃풋 트레이닝》의 저자가 말하는 아웃풋이다. 대수롭지 않게 여길지도 모르겠지만 질문에 대답하는 것은 가장 기본적인 아웃풋이다. 내 생각을 입 밖으로 내는 것과 마음속으로만 생각하는 것의 차이는 엄청 크다. 생각을 하는 것과 하지 않는 것의 차이가 되기 때문이다. 6학년 2학기 국어 교과서(가)에 수염이 긴 할아버지의 이야기가 실려 있다.(《생각 깨우기》이어령 지음) 한 아이가 할아버지에게 주무실 때 긴 수염을 이불 안에 넣고 자는지 꺼내 놓는지를 질문한다. 할아버지는 한참을 생각하지만 자신이 평소 어떻게 하고 잠을 자는지 전혀 떠올리지 못한다. 그 일을 인식하지 않고 살아왔기 때문이다. 생각의 차이는 바로 이런 것이다. 할아버지는 아이의 질문에 대답을 하기 위해 비로소 생각하기 시작한다. 우리는 어떤 질문으로 인해 생각이라는 것을 하게 된다. 답을 찾을 궁리를 하는 것이다. 질문에 뭐라도 대답하려고 애쓰는 것의 효과는 바로 이런 것, 생각을 하는 것이다.

하지만 고학년이 될수록 아이들은 입을 다문다. 아이들이 대답하지 않는 이유는 정답인지 확실하지 않아서, 혹은 튀고 싶지 않기 때문일 수 있다. 하지만 나는 이것이 익숙함의 문제라고 생각한다. 대답하는 아이들이 다른 친구들보다 똑똑해서라기보다는 단지 대답하는 것(말하는 것)에 대한 두려움이 적을 뿐이다. 이것이 바로 경험의 차이다. 말하는 아이들은 계속 말하고, 하지 않는 아이들은 계속 말하지 않는다. 관성의 법칙은 그렇게 우리의 일상에 적용된다. 물론 종종 엉뚱한 대답을 하는 아이도 있다. 나는 그런 아이가 정답을 알고 있어도 아무런 말을 하지 않는 친구보다 낫다고 생각한다. 그러니 아이들에게 뭐라도 대답해도 된다고 계속해서 말해주자. 그리고 아이가 어떤 말을 할 때 필요 이상의 긍정적인 반응을 해주자. 특히 말을 잘 안 하는 아이일수록 주변의 리액션은 정말 중요하다. 말을 하지 않는다고 잘못됐다는 건 아니니 아이를 나무라지 말아야 한다. 오히려 그런 아이가 글쓰기를 통해 생각을 잘 나타낼 수도 있으니 말이다. 하지만 대답하는 것도 습관이라는 것만은 잊지 말자. 습관적으로 입 밖으로 소리를 내는 훈련이 필요하다는 것이다. 수업 시간에 대답을 하는 것이 가장 기본적인 아웃풋임을 잊지 말고, 내가 알든 모르든 입 밖으로 내는 연습을 통해서 자꾸 내 생각을 말하는 습관을 길러주어야 할 것이다.

어떤 질문이든
허용하는 분위기를 만들자

　EBS 다큐멘터리 '왜 우리는 대학에 가는가' 5부에 보면 미국의 전 대통령 버락 오바마가 한국인 기자들에게 질문을 받겠다는 장면이 나온다. 그런데 TV를 보는 사람조차 민망할 정도로 아무도 손을 드는 사람이 없다. 대한민국 기자들이라면 어디 가도 빠지지 않을 만큼 공부를 한 사람들일 텐데 그들은 과연 무엇이 두려웠을까? 아무도 손을 들지 않는 그 모습을 보면서 우리나라 교육의 부끄러운 한 단면이라 여겨져 씁쓸했다.

　마음속으로 질문하고 대답하는 습관을 고쳐야 한다고 생각한다. 생각으로만 말하지 말고 해야 할 말이 있을 때 궁금한 것이 있을 때 스스럼없이 질문하는 아이들로 자랄 수 있는 환경을 만들어야 한다. 그러기 위해서는 먼저 어떤 질문이든 허용하는 분위기를 만드는 것이 중요할 것이다. 어린 시절 호기심으로 넘치던 아이는 정답이 아니면 의미가 없다고 여기는 세상 속에서 어른이 되어 간다. 하지만 세상을 살아가면서 내가 배운 것은 과연 '정답'이라는 것이 존재하기는 하는 것일까라는 의문이다. 아이들에게 꼭 정답이 아니어도 괜찮으니 마음껏 상상의 나래를 펼쳐보게 하자. 또 질문하는 아이에게 왜 이렇게 궁금한 게 많으냐고 타박하지 말고, 부모가 아는 범위 내에서는 성실하게 답해주고, 아이가 질문할 수 있게 대화의 스킬을 키우기를 모든 부모들에게 바란다. 아이와 말도 잘 안 하는 부모들이 주변에 많은데, 말하는 것이 익숙하지 않더라도 함께 책을 보면서도 질문을 유도해보면서 물꼬를 터 나가보자. 또한 대답도 끌어낼 수 있다. 정 안 된다면, 문제집으로 소통해도 된다. 나는 아이들이 어떤 질문이든 어떤 대답이든 스스럼없이 할 수 있는 어른이 되면 좋겠다. 그것은 집에서부터 부모와 함께 커나갈 수 있다는 것을 잊지 않았으면 한다.

선생님은 아이들의
이해를 돕는 도구다

　수업 시간에 선생님은 아이들에게 좀 더 많은 것을 알려주려고 노력한다. 하지만 아무리 애써도 그것이 결코 아이들의 공부가 되지 않는다는 것을 나는 알게 됐다. 특히 초등학교 교실은 단순 주입식의 설명 위주가 아닌 다양한 게임이나 조작 활동 등을 통해서 개념 이해를 돕는 수업이 많다. 그 활동 자체로 아이들이 공부를 했다고 말하기는 힘든 수업들이 대부분이다. 하지만 학교뿐 아니라 학원에서 혹은 인터넷 강의로 듣는 모든 수업이 마찬가지라고 생각한다. 선생님은 아이들에게 공부를 가르쳐주는 것이 아니라 아이들이 이해하기 쉽도록 설명해주는 하나의 도구라고 생각해보는 것이 어떨까. 어려운 지식을 쉽게 풀어서 설명하는 다양한 지식 만화책들처럼 선생님들도 그런 지식 만화의 한 종류라는 것을 잊지 말자.

학교 수업이든 학원 수업이든 그것은 수많은 인풋 중의 하

유진쌤의 팁

배움 노트 쓰기

학교에서는 많은 선생님들이 '배움 노트'라는 것을 사용한다. 우리 학교에서는 교장 선생님께서 배움 노트를 만들어 검사를 하시는데, 나는 이 노트의 효과가 크다고 생각한다. 배움 노트라고 해서 대단한 형식이 있는 게 아니다. 아마 학창 시절에 누구나 해봤을 법한 것으로 줄공책의 왼쪽 3cm 정도를 띄어 세로 줄을 그은 다음 왼쪽에는 날짜와 과목을 적고 줄 오른쪽에 그날 배운 것들을 간단히 정리하는 것이다. 일반적으로 선생님들은 수업을 끝내고 마무리 시간에 이런 식으로 정리를 한다.

여기서 중요한 것은 모든 과목을 다할 필요는 없다는 것이다. 오늘 하루 배웠던 것 중에서 가장 어려웠던 과목이나 가장 기억에 남는 용어나 개념 한 가지만 정리해도 된다. 하루의 마지막 공부를 끝내기 전에 5분만 투자해서 작성해보자. 오늘 하루 배운 것 중에서 가장 기억에 남는 한 가지를 떠올려보는 것이다. 이것은 사실 하교하기 전 마지막에 하면 좋다. 따로 배움 노트를 만드는 것이 귀찮다면 그날 알림장을 적으면서 한 줄만 적어도 된다. 어찌됐든 하루 한 번 자기가 배웠던 것을 떠올려보는 것만으로도 복습의 효과가 된다.

나일 뿐이라는 사실을 알아야 한다. 그것이 아웃풋이 되기 위해서는 어떤 식으로든 자기만의 방식으로 풀어내는 것이 중요하다는 것도 놓치지 말자. 수업에서 들은 내용을 바탕으로 자기만의 '노트 정리'를 한다든지, '문제집을 풀어본다'든지, 아니면 친구에게 '다시 가르쳐준다'든지 자기만의 아웃풋 방법을 만드는 것이 꼭 필요하다. 그 가운데에 아웃풋의 가장 기본은 질문에 어떤 식으로든 답을 하는 것이다. 더 나아가 궁금한 것이 있을 때 질문을 한다면 더할 나위 없을 것이다.

복습은
최대한 빨리 하자

에빙하우스의 망각 곡선 그래프에 대해 한 번쯤 들어본 적이 있을 것이다. 이 그래프에서 보면 무언가를 배우고 난 후 20분이 지나면 절반 정도가 기억에서 사라진다는 것을 알 수 있다. 그래서 복습은 가능하면 빨리 하는 것이 좋다는 게 내 생각이다. 물론 이 실험은 무의미 기억자료를 바탕으로 하고 있어 비판도 있지만, 나는 짧게 자주 반복하는 것의 효과를 믿는다. 그래서 수업이 끝나고 바로 책을 덮기보다는 잠깐이라도 오늘 배운 내용을 한 번 훑어보라고 아이들에게 말한다.

지금은 초등학교에 정기 시험이 없지만, 중·고등학교에는 중간고사와 기말고사가 여전히 존재한다. 내가 학교에 다닐 때

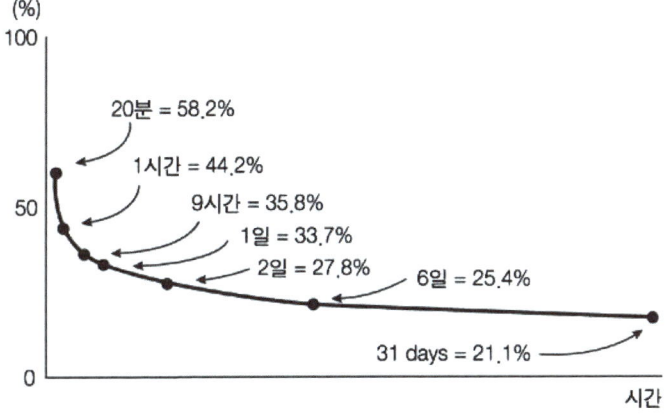

출처: Anderson.J.R., 인지심리학과 그 응용(2012), 이영애 옮김, 네이버 지식백과

역시 그 시험들을 준비하며 늘 벼락치기로 몰아서 공부했던 기억이 난다. 문제는 학년이 올라갈수록 해야 할 공부의 양이 많아진다는 데 있다. 분명히 수업 때 배운 내용이었지만 막상 공부를 하려고 책을 펼치면 처음 본 것처럼 생소한 내용들에 좌절하곤 했다. 지금 생각해보면 어떻게 공부를 했나 싶다. 물론 벼락치기로 단시간에 효율을 극대화시켜 시험을 잘 보는 경우도 간혹 있었다. 하지만 이는 오래가지 못한다. 내신 공부에는 이 방법이 어느 정도 먹힐 수는 있지만, 수준 높은 독해력을 요구

하는 수능시험 같은 경우에는 벼락치기라는 것이 먹히지 않는 것이다. 그래서 나는 아이들에게 몰아서 공부하지 말라는 것을 강조하곤 한다. 공부는 결국 끈기를 배워 나가는 과정이다. 원하는 점수를 달성하는 것도 중요하지만 '장거리 레이스'인 만큼 길게 오래 가는 법을 익히는 것이 필요하다. 조금이라도 매일매일 정해놓고 하는 것이 주말에 몰아서 몇 시간 공부하는 것보다 효과가 좋다는 것이다. 앞서 말했던 5:2의 법칙처럼 일정기간 동안 집중하여 공부하고 쉬고, 공부하고 쉬는 사이클을 만드는 것이 무엇보다 꼭 필요하다.

매일 30분
시스템을 만들자

아이들이 중학교에 들어가면 수학이 너무 어렵다고 투덜대는 경우가 많다. 내가 중학교 때 수학 선생님은 어렵다고 투덜대는 아이들에게 하루에 30분씩만 수학 문제집을 풀어보라고 했다. 더도 말고 덜도 말고 딱 30분씩만 매일 문제를 풀어보라던 그 말씀이 이제야 마음에 와 닿는 이유는 매일 하는 것의 중요성을 뒤늦게 깨달은 탓일지도 모르겠다. 지금 알았던 것을 그때 알았더라면 《수학의 정석》 책이 그토록 앞부분만 새카맣지는 않았을 것 같다.

실제로 한 권의 수학 문제집을 다 풀어내는 경험은 참으로 의미 있는 일이다. 꼭 수학만이 아니다. 대부분의 문제집은 호기롭게 시작했던 마음과 달리 늘 앞부분만 너덜너덜해지고 뒷부분은 새것처럼 깨끗하기만 하다. 마치 새해를 맞이해 구입한 디이이리처럼 말이다.

목표를 세울 때 너무 먼 미래를 그리지 말라고 했던 것처럼 공부를 할 때 너무 많은 분량을 정해놓고 하는 것은 정말 큰 독이 된다고 말하고 싶다. 특히 가장 지키기 어려운 것이 '주말에 3시간 공부해야지'와 같은 다짐이다. 주말에 3시간 하는 것은 매일 30분씩 6일을 하는 것과 같은 시간이다. 그렇게 생각하면 3시간이라는 시간이 결코 적지 않은 시간이라는 것을 알 수 있다. 하지만 눈앞의 것만 생각하는 아이들에겐 주말의 3시간은 별거 아닌 걸로 여기기 쉽다. 그러다 막상 주말이 되어 책상에 앉는 순간부터 후회가 밀려오기 시작한다. 몰아서 무언가를 하는 것은 부담감만 높여줄 뿐이다. 티끌이 모아져 만들어진 태산은 생각보다 크다는 것을 잊지 말자.

부모가 집에서 공부를 가르치기는 쉽지 않다. 내 주변에 있는 수많은 교사 학부모들만 봐도 그렇다. 그들 역시 자녀를 가르치는 것에 힘들어한다. 아이들 역시 엄마에게 아빠에게 공부 배우는 것을 원하지 않는다. 하지만 시스템을 만들어주는 역할은 부모가 해줄 수 있다고 생각한다. 학교와 학원 스케줄을 제하고 아이 스스로 매일 30분씩 책상에 앉아서 할 분량을 부모와 함께 정해보자. 아이 혼자서 이 시스템을 만들기는 어렵다. 그러므로 부모와 함께 공부할 분량을 쪼개보는 것이다. 물론 아이가 책상에 앉아 있는 동안 부모도 옆에서 함께 책을 읽든지 부모만의 할 일을 한다면 더할 나위 없이 좋을 것이다. 단, 휴대폰 보기와 TV 보는 것은 제외하자.

3
초등 고학년의 여름 방학

자기주도학습을 위한
자발성 정비하기

나는 부모가 되면서 '자기 할 일을 스스로 알아서 하는 아이'로 아이를 키우고 싶다는 목표가 생겼다. 그리고 이것이 얼마나 어려운 일인지를 아이를 키우면서 알게 되었고, 학교에서 만나는 아이들을 통해서도 느낀다. 부모로서 우리는 아이들을 잘 길러낼 책임이 있다. 한 사람이 각자 맡은 일을 제대로 할 때 우리 사회가 올바르게 돌아가기 때문이다. 하지만 초등학교 고학년임에도 불구하고 여전히 자기가 해야 할 일들을 스스로 챙기지 못하는 아이들이 많다. 또한 사춘기 덕분에 왜 공부를 해야 하는지와 같은 반발심을 품고 있는 아이들도 많다. 그래서 이 챕터에서는 단순히 공부가 목적이 아니라 '인생을 어떻게 살아가야 할 것인지'에 대해 우리 아이들에게 반복적으로 일러줄 필요성에 대해 이야기해본다.

책 읽는 시간은
절대 아깝지 않다

요즘 출퇴근길이 멀어지면서 지하철에서 꽤 오랜 시간을 보내게 되었다. 운전하는 것도 만만치 않고 피로감이 커서 지하철을 이용한다. 무엇보다 운전하는 동안 아무것도 할 수 없는 시간이 아까워 지하철을 타면서부터는 책을 읽기 시작했다.

나는 재수를 했다. 고3 수능시험을 보기 전날 극도의 긴장감 때문에 잠을 제대로 못 잔 탓인지 언어영역 시험지를 받자마자 '흰 바탕에 까만 점'을 처음으로 실감했다. 마인드 컨트롤이고 뭐고 그날 시험을 제대로 치르지 못하고, 그 길로 재수에 접어들었다. 당시 재수를 할 때는 지금과 같은 기숙학원 같은 건 없어서 매일 새벽에 버스를 타고 학원을 다녔다. 그래서 어쩔 수 없이 새벽 기상이 시작된 날들이었다. 자발적으로 새벽에 일어나 영어 회화 학원을 시작으로 학원에서 수업을 들었다. 그리고 학원을 오가던 버스 맨 뒷자리 구석에 앉아서 읽기 시작했던 책이 바로 이문열 작가가 쓴 노란 표지의《삼국지》였다.

나는 초등학교 때까지는 책을 엄청나게 많이 읽었지만, 중·고등학교에 들어가면서는 책을 전혀 읽지 않았다. 아마 만화책과 영화 보는 재미에 빠져들었기 때문일 수 있고, 점점 커 갈수록 학업을 핑계로 혹은 친구들과 동아리 활동 등에 빠져서였는지도 모르겠다. 참으로 바보 같지만 당시에는 책 읽는 시간이 아깝다고 생각했다. 그렇게 5~6년 정도는 교과서 이외의 책이라곤 읽어보지 않았던 나는 재수를 하면서 다시 책을 읽게 되었다. 어쩌면 스마트폰이 없던 시절이었으니 책 읽기 말고는 다른 할 거리가 없었을지도 모르겠다. 재수를 하면서 만화책을 읽는 건 왠지 양심에 찔렸을지도.

고기도 먹어 본 사람이 맛을 안다고 책도 마찬가지다. 책을 다시 집어 들면서부터는 책 읽기가 정말 재미있어졌고, 이 좋은 걸 왜 안 할까 싶은 생각에 아이들에게 책을 읽으라고 잔소리하게 된다. 특히 유튜브를 통해 책 소개를 하는 나로서는 아동문학을 읽는 재미가 더해져 책을 보는 관점이 조금 달라졌다.

아이들은 책을 통해 많은 것을 배울 수 있다. 직접 경험하지 않고도 책을 통해 간접적으로나마 경험할 수 있으니 말이다. 또한 이야기의 흐름과 무엇을 말하고자 하는지에 대해서도 파악하는 능력을 기르는 데는 책만 한 것이 없다고 생각한다. 아이들에게 교과 공부도 중요하지만, 책을 읽는 시간을 아까워하지 말고 아이들이 읽을 수 있는 책부터 쥐어주며 시작해보기를 바란다.

 유진쌤의 팁

그림책부터 도전하자

얼마 전 예전 학교에서 친하게 지냈던 선배 선생님을 만났다. 선생님과 이야기를 나누다가 아이들 교육은 어떻게 하고 있냐는 말에, 바빠서 애들에게 책 읽어주는 것밖에 못한다고 했다. 그러자 선생님께서는 잘하고 있다면서 그것만이라도 열심히 해주라고 당부하며 자신이 연수를 들으면서 배운 그림책의 효과를 알려주었다.

우선 아이들이 그림책 속의 그림을 보면서 자연스럽게 다양한 색감과 모양에 노출이 된다는 것이다. 또한 곁에서 읽어주면 엄마의 목소리에 집중하고, 스킨십도 자연스럽게 이루어지면서 아이는 안정감을 느끼게 된다. 책에 표현된 다양한 의태어, 의성어들 역시 단어 교육이 된딘다. 그림을 보면서 아이들과 이야기를 나누는 것만으로도 교육적 효과가 높다고 했다.

내가 글을 쓰다 보니 글과 그림을 동시에 표현하는 그림책 작가들이 정말 대단해 보였다. '짧은 글이 무슨 책 읽기가 되겠어?'라는 생각을 할 수도 있지만, 아이들에게 그림책을 읽어주면서 알게 된 사실은 정말 놀라울 정도로 훌륭한 그림책이 많다는 것이다. 어른들이 보기에도 손색이 없을 만한 심오한 내용을 담고 있는 책들도 많다. 그래서 글 읽기가 어려운 아이들이라면 그림책부터 도전해보는 것이 좋을 것 같다. 그림책은 함께 읽을 수 있다는 장점이 있다. 그리고 내용이 짧기에 부담도 없다. 하루에 잠깐 짬을 내어 아이와 함께 읽어보는 거다. 6학년인데 너무 늦은 건 아니냐고? '늦었다고 생각할 때는 이미 늦었다. 그러니 지금이라도 어서 시작하라'는 박명수 씨의 어록에 나는 전적으로 동의한다. 세상에 늦은 것은 없다.

나는 방과 후에 학교에서 아이들 몇 명을 데리고 그림책 읽기를 한다. 그림책이라고 우습게 여기던 아이들이 내가 앞뒤 흐름을 파악하기 위한 질문을 하면 쉬이 대답을 하지 못한다. 그 아이들은 글 읽기가 제대로 되지 않는 것이다. 말 그대로 글자만 읽고 문맥을 읽지 못한다. 이야기책의 효과는 바로 이 문맥을 읽어내는 것에 있다. 드라마나 영화는 배경과 등장인물들이 생생하게 이야기를 전달하지만 책은 그렇지 않다. 스스로 그 문맥을 파악해야 하기에 어렵게 느껴지는 것이다. 그래서 두꺼운 책이 어려운 아이들은 그림책부터 읽어보기를 강력하게 추천한다.

문해력보다
인생의 태도를 키우자

　요즘 여기저기서 문해력에 대한 이야기를 많이 한다. 나 역시 그들이 하는 말에 매우 공감했고, 책 읽기가 정말 중요하다는 것을 새삼 깨달았다. 특히 학업에 있어 문해력이 필수라는 것에 매우 공감했는데, 요즘 들어서는 생각이 조금 달라졌다. 책을 읽어야 하는 이유가 단순히 지식을 얻기 위해 공부를 잘하기 위해 문해력을 키우는 것이 전부가 아니라는 것이다.

　나는 책을 읽어야 하는 이유로 책을 통해 '인생에 대한 태도'를 배우는 것을 내세우고 싶다. 우리가 하는 모든 것은 '잘 먹고 잘 살기' 위함을 바탕으로 한다. 공부를 하는 것도 자기 자신의 재능을 살리는 것도 모두 그 때문이다. 그래서 나는 '잘 살기' 위해 책을 읽는 것이라 말하고 싶다.

책을 통해 지식을 익히고 문해력을 키우는 것은 부가적인 목적이다. 세상의 모든 것은 상대적이기 때문이다. 예를 들어, 키가 180센티미터라는 것은 그냥 수치일 뿐, '키가 커서 좋겠다', '키가 커서 불편하겠다'라는 의미 부여는 누군가의 생각에서 비롯된 것이다. 아무리 객관적인 자료를 바탕으로 쓴 글일지라도 결국 글에는 작가의 생각이 들어갈 수밖에 없다. 한 사람의 생각에는 그 사람이 세상을 바라보는 세계관, 인생의 태도, 가치관 등이 포함된다. 그런 것들이 자연스럽게 글에 녹아 나타난다. 잘 살기 위해서는 나보다 앞서 살아본 사람들의 생각을 엿볼 필요가 있다. 그것이 바로 책 읽기의 중요함이다. 배움이란 조력자가 없이는 불가능하다. 그렇기 때문에 우리는 나보다 앞서가는 사람들의 생각을 알고 배워야 한다.

세상에 많은 종류의 책이 있지만 나는 아이들이 도서관의 '문학'이라고 분류된 곳의 책들을 많이 읽으면 좋겠다. 우리 반 아이들과 도서관에 가면 '문학' 카테고리 안의 소설책을 읽으라고 말한다. 문학은 대놓고 말하지 않고 돌려 말하기 때문에 아이들은 그 주제를 알아차리기가 쉽지 않다. 왜냐하면 '이야기'란 하나의 세계로 빠져들어야 하는데, 책 읽기의 즐거움을 모르는 아이들에게는 그 새로운 세상으로 빠져드는 것 자체가 어렵기 때문이다.

내가 이야기책을 읽으면서 배운 것은 정말 다양한 사람들의 삶과 생각이 있다는 사실이었다. 실제로 그렇다. 우리가 살아가는 세상은 정말 다양한 사람들로 가득 차 있다. 하지만 우리는 그런 사람들의 삶보다는 내 삶이 더 중요한, 지극히 개인적이고, 한편으론 이기주의적일지 모를 인간이다. 특히 인터넷과 통신기기의 발달은 세상을 직관적이고, 단편적으로만 보도록 만들었다. 예를 들어 SNS는 주로 사진이나 짧은 '짤'들로 이루어진다. 이런 사진이 담는 것은 한계가 있다. 남들 눈에 좋아 보이는 것들만 가득하므로 그 사진 뒤에 놓인 그 사람의 생각이나 진짜 살아가는 모습 등은 담기가 어렵다. 때로는 실제 놓인 현실과 전혀 다른 것들로 넘쳐나기도 한다. 그런데 글은 좀 다르다. 특히 한 권의 책으로 묶인 이야기에는 그 분량의 크기만큼 누군가의 인생이 들어가 있다. 한 사람의 생각이 녹아 있고, 삶의 '희노애락'이 모두 담겨 있다. 그리고 그림책이 아닌 책에는 그림이 없기 때문에 읽으면서 그 세계를 상상할 수밖에 없다. 그게 바로 '생각의 힘'을 기르는 방법이다. 우리가 평생 공부하는 목적은 바로

'생각의 힘'을 키우기 위함이다. 생각하지 않으면 성장할 수 없고, 생각하지 않고 행동하는 것이 불러오는 비극은 너무 많다.

책을 통해 누군가의 인생을 배운다. 그것이 바로 우리가 책을 읽어야 할 이유여야 한다. 워런 버핏과의 점심값이 수십억이나 한다는 것은 그 사람의 인생을 배우고 싶다는 데에 투자한 것이리라. 책만큼 그 비용이 경제적인 것이 있을까 싶다. 글을 쓰는 능력 그리고 그것을 해독하는 능력은 사유하는 인간만이 소유할 수 있는 것이라 자부한다. 그렇기에 오늘도 잔소리 같지만 책을 읽으라고 외치고 싶다.

유진쌤의 팁

서문 또는 작가의 말 읽기

책에서 말하고자 하는 바가 어렵게 느껴지는 아이들은 책을 읽기 전에 책의 '서문'을 꼭 읽기 바란다. 서문을 읽으면 그 책에서 작가가 말하고자 하는 바가 어느 정도 나타난다. 그렇게 작가의 의도를 파악하고 나면 책 읽기가 좀 더 수월해지는 것을 느낄 것이다. 작가가 하고 싶은 말을 이렇게 풀어냈구나 하는 생각으로 말이다.

최고의 투자는
자기 자신에게 하는 것이다

　많은 사람들이 명문대를 졸업하고 대기업에 취직하고 싶은 건 돈을 많이 벌고 싶어서라고 생각한다. 세상에 돈을 싫어하는 사람이 있을까? 냉정하게 말해 자본주의 세상에서 살아가면서 돈을 싫어하는 사람은 어불성설, 그야말로 모순이다. 나도 마찬가지다. 돈을 많이 벌고 싶다. 하지만 자본주의 구조에서는 돈을 벌기 위해 투자를 잘해야 한다. 저성장 시대에 접어든 현재는 인간의 노동으로 벌 수 있는 수입에는 한계가 있기 때문이다.

　주식과 부동산 열기가 그 어느 때보다 달아오른 요즘, 많은 투자자들이 다양한 SNS 매체를 통해 자신의 투자 노하우를 전하고 있다. 그리고 그들 이전에 '워런 버핏'이라는 인물이 있었다. 그와 점심 한 끼를 먹기 위해 수십억 원을 기꺼이 지불하겠다는 사람들이 줄을 섰다. 그런 그가 투자와 성공에 대해 남긴 수많은 어록 가운데 내가 기억하는 것은 "최고의 투자는 자기 자신에게 하는 것이다."라는 말이다.

아이들과 쓰는 습관 공책에 나는 이 명언을 꼭 쓴다. 그리고 아이들에게 지금 공부하는 것은 결국 자신에게 투자하는 시간이라고 일러준다. 사람이 무엇인가를 제대로 아는 것이 엄청난 무기가 된다는 것을 아이들은 잘 모른다. 자기가 알고 있는 것은 남들도 아는 것이고 그게 뭐 별거냐는 생각으로 자기 공부에 대한 가치를 크게 두지 않는다. 하지만 개인의 머릿속에 든 지식 혹은 기술은 워런 버핏의 말처럼 누가 빼앗을 수 없는 자신만의 것이다. 법조인이나 의료인 같은 직업들이 대접받고 수입이 높은 이유는 그 사람들의 머릿속에 입력된 지식과 기술이 굉장히 어렵기 때문이다.(메스로 사람 몸을 갈라서 병을 고치는 일이 아무나 할 수 있는 일은 아니지 않은가.)

아이들이 좋아하는 아이돌을 한번 생각해보자. 그들은 대부분 노래와 춤을 병행한다. 그들에게 있어 체중 및 체력 관리는 기본이 된다. 게다가 외형적으로 좀 더 날씬해보이기 위해

식단 관리와 꾸준한 운동을 할 것이다. 자기가 원하는 것을 달성하기 위해 스스로 절제하는 삶을 산다. 나는 이것이 투자라고 생각한다. 원하는 것을 얻기 위해서는 '절제'가 필요하다. 누구나 궁극적으로 베짱이와 같은 삶을 꿈꾸지만 베짱이의 삶을 위해서는 개미와 같은 시간이 있어야 한다는 것을 아이들은 모르고 있다. 물론 지금 당장 아이들이 돈으로 투자할 수는 없을 것이다. 아이들이 할 수 있는 투자는 바로 자기 자신에게 하는 것이다.

나에게는 BTS 멤버 '슈가'의 부담임을 했던 친구가 있다. 당시 고등학생이었던 슈가는 내 친구에게 야간자율학습 대신 음악 학원을 가야 한다고 외출증을 끊어 달라 했다고 한다. 그는 야간자율학습 대신 자신의 꿈을 위해서 음악 공부로 자신에게 투자했고 그 결과 지금의 모습을 만들어냈을 것이다. 이런 예는 많이 있다. 우리가 알고 있는 수많은 스포츠 스타들, 예술가들 모두가 남들이 쉴 때 쉬지 않고 자기의 꿈을 위해 노력해 원하는 것을 이루어냈다. 김연아 선수가 수천 수만 번의 시도 끝에 완벽한 턴을 성공시킨 것처럼 말이다. 물론 자기가 하고 싶은 일을 찾는 일은 쉬운 일이 아니다. 그것은 정말 어려운 일이다. 내가 뭘 좋아하고 내가 뭘 하고 싶은지 찾는 것은 정말 어렵다. 그래서 어른들은 아이들에게 그저 공부만을 강요하게 된다.

학교생활부터 열심히, 나에 대한 투자의 기본이다

학생은 공부를 하는 것이 맞다고 생각한다. 부모들이 공부를 하라고 하는 것도 이해한다. 음악도, 미술도, 운동도, 공부도 다 관심이 없다면 일단 공부하는 것에 투자해보기를 바란다. 그렇다고 해서 이 공부가 책상에 앉아서 문제집을 풀어 대는 것을 의미하는 것은 절대 아니다. 일단 학교생활을 열심히 해보라는 뜻이다. 지금 이 시간이 나를 위해 투자하는 시간이라고 생각하면서 말이다. 학교에서는 다양한 활동을 제공한다. 특히 조작 활동을 비롯해 다양한 활동을 중심으로 이루어진 초등교육은 아이들이 자신에 대해 탐구해볼 수 있는 좋은 시기이다. 이때는 점수를 높이기 위한 공부보다는 다양한 것들을 도전하면서 경험해보는 공부가 중요하다.

아이들이 부모를 따라서 여행을 다니는 시기도 아마 초등학교 때까지가 전부일 것이다. 그러므로 아이들과 여행도 많이 다니고 아이들이 경험해볼 수 있는 다양한 체험들을 제공해주면 좋다. 해외여행만이 여행은 아니다. 우리나라도 갈 만한 곳이 정말 많다. 지역별로 관광객 유치를 위한 관광 상품들이 잘 만들어져 있다. 게다가 학교에는 교외체험학습이라는 명목으로 그 학년도 수업 일수의 10~20퍼센트(학교마다 다름) 정도를 출석 인정으로 처리하는 제도가 있다. 보통 학교 홈페이지에 신청양식이 있으니 계획서를 작성하여 담임선생님에게 제출하면 된다. 이 교외체험학습을 잘 활용하여 아이들과 여행을 다니는 것도 좋은 방법이 될 것이다. 학교생활을 열심히 하면서 더불어 가정에서 연계하여 아이들의 체험을 좀 더 적극적으로 지원해준다면 아이들의 견문도 넓혀줌과 동시에 자신에 대해 탐구해볼 수 있는 의미 있는 시간이 되리라 생각한다.

공부에서 의미를
찾지 않게 하자

아이들에게 좋아하는 과목에 대해 조사하면 체육이 항상 1등이고 수학, 과학, 국어 같은 과목은 후 순위로 밀려나는 것을 볼 수 있다. 아이들은 일단 머리를 쓰는 것을 본능적으로 싫어한다. 특히 사춘기에 접어든 고학년들은 무엇인가를 외우고 암기하는 것 자체에 반기를 제기하며 이 모든 것이 도대체 무슨 소용이 있느냐는 식으로 공부에 대한 의문을 제기한다. 살면서 크게 도움 되지 않을 것 같은 수학 공식을 외우는 것이 무슨 의미가 있냐는 것이다.

나는 그런 아이들에게 단연코 의미는 없다고 말하며, 의미를 찾지 말라고 말한다. 왜냐하면 공부를 한다는 것은 결국 나를 성장시키는 것이 목적이기 때문이다. 우선 100점을 맞겠다고 생각하는 것부터 버리라고 한다. 공부를 점수로 수치화하면 아이들은 의욕을 가지기가 쉽지 않다. 대신 자기 자신을 성장시키는 즉, 좀 더 나은 어른이 되기 위해 공부하는 것임을 알려준다. 우리는 평생 전두엽을 훈련시키기 위해 살아간다. 전두엽은 충동이나 감정을 조절하고 문제를 해결하는 역할을 한다. 인간이 영장류로서 다른 동물과 다른 것은 뇌가 발달되어 있다는 것인데, 특히 전두엽의 발달이 인간이 동물과 다른 핵심이 된다. 그리고 책을 읽고 공식을 암기하고 생각하는 그 시간 동안 인간의 전두엽은 발달한다. 의미는 여기서 찾는 것이다. 내가 공부를 하려고 책상에 앉아 버티는 그 시간은 결코 의미 없는 시간이 아니다. 버티고 앉아 있는 시간 동안 끈기를 배우고 인내를 배운다. 하고 싶은 걸 잠시 미루는 절제를 배우고 해야 할 분량을 다 해내는 성취감을 느끼는 과정에서 우리의 뇌는 성장하고 있는 것이다. 그것이 바로 공부하는 의미이며 목적이다. 좀 더 나은 어른으로 성장하기 위해 자신을 좀 더 가치 있는 사람으로 만들기 위해 공부해야 하는 것임을 아이들에게 알려주자.

운다고
해결되는 것은 없다

갓 태어난 신생아는 말을 하지 못한다. 기분이 좋을 땐 웃고, 그 외의 모든 것은 우는 것으로 자기의 욕구를 표현한다. 여섯 살인 내 둘째 아이 역시 말을 할 줄 알지만 자기 마음대로 안 되면 여전히 떼를 쓴다. 인간은 태어날 때부터 배우지 않아도 자기의 감정을 표현할 줄 안다. 그리고 자기가 바라는 것을 요구할 줄 안다. 하지만 자기가 바라는 것을 요구하는 방법이 언제까지 떼 쓰기에 머무를 수는 없다. 초등학교 고학년 정도 되면 아이들은 자연스럽게 안다. 떼를 쓴다고, 울고불고 난리를 친다고 나의 말을 들어주는 것이 아니라는 것을 말이다. 아이들이 성장해야 하는 이유는 부모의 테두리 밖에서 스스로 살아가야 하는 세상에 놓이기 때문이다. 그들이 울면 다 받아주고 해결해주는 부모와 평생을 살지 못하기 때문에 아이들은 공부해야 한다. 공부를 하면서 감정적 호소가 아니라 논리적, 이성적 설득이 문제를 해결할 수 있다는 것을 아이들은 알아야 한다. 책을 읽으면서 논설문 쓰기를 하면서, 수학 공식을 외우면서, 설계에 따른 실험을 하면서 이성적, 논리적 사고를 기를 수 있고, 그것이 앞으로 살아가면서 발생하는 문제들을 해결하는데 큰 도움이 된다는 것을 말이다.

사람들이 말하는 '성공' 하기 위해 공부하라는 것이 아니다. 그렇다고 해서 성공을 멀리하라는 뜻은 절대 아니다. 중요한 건 내가 가만히 있다고 해서 그것이 넝쿨째 굴러 그냥 들어오는 것이 아니라는 사실이다. 학창 시절이 자기 자신에게 투자하는 시간임을 알아야 한다. 자신을 가치 있는 사람으로 만들 수 있는 소중한 시간임을 인지하고 스스로 명품이 될 수 있도록 잘 가꾸어야 한다. 그런 의지를 아이들이 가질 수 있도록 부모가 도와줘야 할 것이다. 부모와 아이 모두가 의지를 갖고 조금씩 노력한다면 분명 그 길을 도와줄 수 있는 사람을 만나게 될 것이다.

 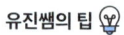

수업 & 준비물 챙기기에 집중하자

초등학교 고학년 때, 수업 시간 40분 동안 선생님의 말에 집중해 수업을 듣고, 학교 과제를 성실하게 수행하고, 준비물을 스스로 챙길 수 있는 능력을 갖추는 것이 완수되어야 한다고 생각한다. 학교에서 보면 수업 시간에 집중하지 않는 아이들이 대부분 과제를 소홀히 하고 준비물을 잘 챙겨오지 않는다는 것을 알 수 있다. 특히 과제나 준비물을 잘 챙기지 못하는 아이들은 그것을 별거 아니라고 생각하는 경우가 대부분이다. 하지만 무엇인가 할 일을 스스로 하고 챙겨야 할 것을 잘 챙기는 것이 살면서 얼마나 중요한 것인지 다들 알 것이다. 담임제를 중심으로 시스템이 돌아가는 초등학교 때가 이 습관을 몸에 익히기 좋은 시기이다. 아무래도 중·고등학교는 입시가 중심이 되고, 그로 인해 담임제보다는 교과제로 흘러가기 때문에 아이들의 일거수일투족을 담임선생님이 챙겨주기가 힘들다. 우리나라 교육 시스템에서 가장 아쉬운 부분이 이것이다. 초등학교와 중학교의 간극이 생각보다 넓기 때문에 초등학교 고학년까지 스스로 자기 할 일을 챙길 수 있는 습관 장착이 무엇보다 필요하다. 이것만 잘 갖춰도 아이들이 이후 학교생활에 적응하는 데에 무리가 없다고 생각한다.

스스로 할 수 있는
힘을 키워주자

　교사는 어찌 됐든 잔소리를 하는 입장이 될 수밖에 없다. 아이들에게 과제 해 오기나 준비물들을 잘 챙기라는 것은 기본이고 책 읽기를 꾸준히 하라, 밥을 골고루 먹어라 등의 잔소리는 끝이 없다. 하지만 이런 잔소리는 하는 사람도 듣는 사람도 지치게 만든다. 그렇다고 해서 마냥 아이들을 내버려둘 수는 없는 노릇이다. 중·고등학교는 벌점제도가 있어서 아이들이 벌점을 신경 쓰느라 스스로 체크하기도 하지만 초등학교에서는 그런 제도가 없다. 그래서 선생님들은 어떻게든 자발적으로 아이들의 동기를 유발하기 위해 칭찬 스티커를 발행하거나 모둠 점수를 주는 등 다양한 방법을 시도한다. 그리고 그에 따라 아이들이 좋아할 만한 간식이나 다양한 면제권 등을 제공하면서 아이들을 이끌어 간다.

하시만 내가 학교에 복직하면서 고민했던 것은 '상벌 효과'에 대한 의구심이었다. 잘하면 보상을 주는 효과는 보상의 강도가 점점 세져야 하고, 고학년으로 갈수록 효과가 떨어진다는 것 때문이었다. 게다가 벌을 주는 것이 크게 효과가 없다는 것을 알게 되면서 나는 동기로부터 들었던 '기부'로 습관을 만드는 것을 실험해보기로 했다. 일명 '기부 프로젝트'. 당시 친구의 동료 선생님이 유니세프나 월드비전 같이 정기 후원을 받는 단체에 기부할 돈을 아이들 스스로 모으게 한다고 한 것이 생각났다. 물론 아이들로부터 직접 돈을 걷어서 후원하는 것이 아니라 아이들의 행동에 따라서 아이들에게 기부할 수 있는 돈을 선생님이 직접 주는 것이다.

그 선생님의 방법을 빌려 만든 것은 '기부기록장'을 만들어 스스로 할 일을 유도하는 것이었다. 매달 3만 원의 돈을 모아 월드비전의 한 아이를 후원하기로 했다. 반 아이들이 20명 정도였기 때문에 한 명이 모아야 할 기부 금액은 최소 1,500원 정도였다. 나는 〈천사들의 합창〉 글쓰기 한 편당 100원씩, 그리고 습관 공책(5일 기준) 한 주를 제대로 작성하면 100원씩 준다. 물론 100원은 나의 확인 도장이다. 그리고 그 외에 추천 책을 읽고 쓰는 독서기록장이나 숙제, 준비물 등을 잘 챙겨오면 도장을 발행하는데, 최근에는 급식 다 먹기를 추가했다. 사실 복직하기 전에는 무조건 급식을 다 먹게 하는 것이 나의 신조였다. 아이들이 다 먹을 때까지 그 아이와 끝까지 식당에 남아 있곤 했는데, 이 방법이 고학년들에게는 크게 설득력이 없어서 강요보다는 자발적으로 다 먹으면 기부 금액을 모을 수 있는 도장을 발행하기로 했다.

그렇게 나는 아이들과 매달 기부기록장을 만든다. 이 기부기록장의 첫 번째 목적은 아이들이 할 일을 스스로 하게 만드는 것에 있다. 잔소리하지 않아도 자발적으로 하는 것. 벌 받지 않기 위해서 하는 것이 아니라 스스로 동기 유발이 되어서 자기 할 일을 하는 것이 가장 큰 목적이다. 그리고 두 번째 목적은 '기부'라는 것이 꼭 돈으로만 하는 것이 아니라는 것, 내가 돈이 많아야지만 할 수 있는 것이 아니라는 것을 알려주기 위해서다. 아이들이 처한 수준에서 얼마든지, 그리고 어떻게든 할 수 있다는 것을 알려주고 싶었다. 그렇기 때문에 하지 못한다고 해도 패널티는 없다. 단지 할당량이 있기 때문에 그것을 채우지 못하면 방글라데시에 살고 있는 그 친구를 후원해줄 수 없다는 것을 아이들에게 알려주었다.(물론 기부는 내 돈으로 하는 것이라 후원은 끊기지 않지만 아이들에게는 비밀이다.) 매달 1,500원을 넘기는 아이들도 있지만 1,500원을 다 모으지 못하는 아이들도 있다. 다 모으지 못하는 아이들을 위해 기부금을 많이 모은 아이가 기부금을 채우지 못한 아이에게 빌려줄 수 있는 제도도 만들어두었다. 그렇지만 3만 원을 못 채울 때도 있다. 그러면 아이들은 자기가 모자란 돈을 내겠다면서 난리가 난다. 그 모습을 보면 아이들이 얼마나 착한 마음을 가졌는지를 다시금 깨닫게 된다.

이 기부기록장의 장점은 상대평가가 아니라 절대평가이기 때문에 얼마든지 자신의 노력에 따라서 충분히 1,500원을 모을 수 있다는 것이다. 누구보다 잘해야지 받을 수 있는 것이 아니라 내 할 일만 하면 받을 수 있다는 뜻이다. 물론 경쟁의 스트레스보다는 책임감으로서의 스트레스를 받을지는 모를 일이지만 본인이 달성했을 때 얻는 뿌듯함이 더 크다고 여겨진다. 집에서도 부모가 아이의 자발성을 키우는 목적으로 가족이 함께 기부기록장을 만들면 많은 도움이 될 수 있을 것이다.

유진쌤의 팁

가족 기부기록장 만들기

만약 어떤 단체든 정기 후원을 하고 있는 가정이 있다면 이 기부기록장을 활용하여 아이들의 자발성을 이끌어보는 건 어떨까 한다. 누구 한 명을 후원한다는 것에 자기의 책임이 포함된다면, 나는 그저 할 일을 할 뿐인데 그것이 기부금으로 쌓여서 누군가를 도울 수 있다면, 그 뿌듯함은 그저 잔소리로 무엇인가를 하는 것과는 또 다른 의미를 가져다줄 것이다.

예시 자료를 활용해서 집에서 할 일 목록을 만들어 그것을 달성할 때마다 아이의 기부 금액을 쌓아보자. 형제가 있는 아이들이라면 형제가 각자 할 일 목록을 만들어 함께하는 것도 좋은 방법이다. 혹은 가족 모두가 참여해도 좋다. 목록은 많이 만들 필요는 없다. 매일 해야 할 체크리스트 뒤에 금액을 지정해도 되고, 이 달에 꼭 해야 할 버킷리스트 같은 걸 적어도 좋다. 예를 들어 이번 달에 읽어야 할 책, 가족이 다 함께 식사하기, 대청소하기, 등산가기 등 가족이 모두 함께할 수 있는 버킷리스트를 적고 이를 달성할 때마다 기부금액을 획득하는 방법이다.

함께하면 서로 할당량이 나뉘게 되고 한 사람이 모아야 할 금액은 줄어들지만 다 같이 하는 만큼 책임감은 좀 더 커지게 된다. 누가 시켜서 하는 것이 아니라 스스로 하고 싶어서 할 수 있도록 하는 것에 약간의 책임감을 부여한다면 아이들은 곧잘 따라올 것임을 믿는다.

7월 나의 기부 기록지

○○번 이름 (○○○)

달성 금액에 색칠하세요!

적립 항목	상세 기록			금액
천사들의 합창	1	주제	내가 좋아하는 음식 best 3	100
	2	주제	오늘 하루를 신문 기사로 써보기	100
	3	주제	나에게 아가미가 있다면?	100
	4	주제	내가 내일 죽는다면 꼭 해보고 싶은 일	100
	5	주제	부모님이 내 자식으로 태어난다면 해주고 싶은 것 3가지	100
	6	주제	내가 생각하는 '좋은 친구'란? ✓	100
	7	주제	수업을 들으면서 드는 생각 ✓	100
	8	주제	나를 두근거리게 하는 것들 ✓	100
책 읽기 (독서감상문 1권 필수)	1	제목	페인트	100
	2	제목	누난개인	100
	3	제목	이터넷, 떠나의 심려클럽	100
습관 공책	1주			100
	2주			100
	3주			100
	4주			100
	5주			
급식	6/30	7/1		200
	7/8	7/9		100
	7/14	7/15	7/16	200
선생님 도장 (5개당 간식)				100
				100
				100
나 스스로 적립한 금액				2200
친구에게 빌려준 금액 ( ) 또는 빌린 금액 ( )				
이번 달 내가 총 기부한 금액				

설레임!
∩ 9

학생의 기부기록장 예시

_____ 월 나의 기부 기록지

이름: (   )

*달성 금액에 색칠하세요!

적립 항목			상세 기록	금액
천사들의 합창	1	주제		
	2	주제		
	3	주제		
	4	주제		
	5	주제		
	6	주제		
	7	주제		
	8	주제		
책 일기 (독서감상문 1권 필수)	1	제목		
	2	제목		
	3	제목		
습관 공책	1주			
	2주			
	3주			
	4주			
	5주			
급식				
선생님 도장(5개당 간식)				
나 스스로 적립한 금액				
친구에게 빌려준 금액( ) 또는 빌릴 금액( )				
이번 달 내가 총 기부한 금액				

초등 고학년의 여름: 우리 아이 공부습관 만들기

3교시

초등 고학년의 가을

: 우리 아이 관계 습관 만들기

1

초등 고학년의 가을 수업1

사회력을 위한
친구 관계 정비하기

세상에 인간관계만큼 어려운 일이 있을까 싶을 정도로 관계 맺기는 어린 나이에도 그리고 어른이 되어서도 참 어려운 일이다. 특히 청소년기는 관계 맺기의 절정이라고 해도 과언이 아닐 정도로 친구가 인생에서 차지하는 비중이 큰 시기이다. 학부모 역시 자녀들의 친구 관계에 민감하게 반응을 하며, 상담을 할 때면 이에 대해 가장 많은 문의를 하는 것이 현실이다. 아마 사회생활의 어려움을 부모도 너무나 잘 알고 있기 때문일 것이다. 인간은 혼자서는 살 수 없는 동물이고, 학교는 가정을 제외한 가장 큰 비중을 차지하는 아이들의 사회생활 공간이다. 그렇기에 이 챕터에서는 어쩌면 공부보다 중요할 수 있는 올바른 친구 관계를 정립하는 방법들에 대해 이야기하며, 아이들과 많은 대화를 나눠야 하는 이유를 살펴본다.

친구는 스스로 선택하자

    부모들은 아이들이 학교에 가면 선생님의 말씀에 주의를 기울이고 다양한 활동을 하면서 자신의 꿈을 키워 가기를 바란다. 그렇지만 현실은 다르다. 대부분의 아이들은 학교에 와서 친구를 만나는 것을 1순위로 생각하기 때문이다. 게다가 아이가 초등학교 고학년이 되면 그 친구 관계라는 것이 정말 중요해진다.

    우리는 평생 주변의 사람들과 관계를 맺으면서 지내야 하는데, 그 관계 맺기를 배우는 기초 작업대가 바로 학교다. 특히 교실은 또래 집단을 한데 모아놓은 곳이기 때문에 공감대 형성도 쉽고, 그만큼 서로 상처가 되는 일들도 많이 벌어지는 곳이다. 그렇기에 관계를 잘 맺기 위한 훈련이 필요하다. 부모는 종종 아이의 친구에 대해 잘 알고 있다고 생각하고 그 친구에 대한 평가를 곧잘 내린다. 그리고 때로는 그 아이와 어울리지 말라고 조언하기도 한다. 하지만 부모보다 친구와 보내는 시간이 더 많은 고학년 아이들에게 그 말이 얼마나 효과가 있을지는 알 수 없는 일이다.

교실에는 타인에게 휘둘리지 않는 단단한 마음을 가진 아이들이 한 명씩은 꼭 있다. 그런 아이들을 볼 때면 그 비결이 무엇인지 절로 궁금해지는데, 아직도 기억에 남는 여학생이 있다. 모범생으로 공부도 잘하고 친구들과의 사이도 원만했지만 조금 남다른 특징이 있던 아이였다. 일반적으로 6학년 여학생들은 무리를 지어서 다니는데(2명이든 3명이든 일단 친한 친구들과 그룹을 만들어 다니곤 한다.), 이 아이는 그런 그룹이 없었고, 대신 두 살 터울의 4학년 여동생과 굉장히 친밀한 관계를 유지했다(당시에는 일기 검사를 하던 때라 학교 밖에서의 아이들의 생활을 어느 정도 알 수 있었다.). 다른 아이들은 친구들과 무슨 일을 했다는 내용의 일기가 많았는데, 그 아이의 일기는 온통 여동생 이야기였고, 일기의 마지막엔 어설프지만 온 정성을 기울여 그린 4컷 만화가 항상 그려져 있었다. 그 아이는 동생과 만화를 그리면서 노는 것을 정말 좋아했다. 전형적인 은둔형 모범생이라 수업 중에 적극적으로 발표는 하지 않았지만 웹툰 이야기가 나오거나 그림에 관한 이야기가 나오면 눈빛이 달라졌고, 자기 이야기를 하고 싶어 엉덩이를 들썩들썩했던 기억이 난다.

내가 하고 싶은 이야기를 하기 위해 아이가 어떤 성향인지 서론이 길었는데, 인상 깊었던 아이의 모습은 이랬다. 학교에서는 그룹으로 몰려다니는 여자아이들이 한 번씩 서로 따돌리는 경우가 있다.(6학년 여자아이들 사이에서는 비일비재한 일이었고, 사태가 심각하지 않으면 선생님에게까지 넘어오지 않고 자연스럽게 해결되는 경우가 많았다.) 당시 우리 반에 새로 전학 온 여학생도 무리에서 약간 겉돌고 있었는데, 어느 날인가 만화를 좋아하던 그 아이와 둘이서 웃으며 이야기를 나누는 모습을 보게 되었다. 그런데 바로 다음 쉬는 시간에 이른바 학교에서 좀 잘나간다는 다른 반 여학생이 찾아와서 만화를 좋아하는 아이를 부르더니 무어라 이야기하는 것이었다. 평소에 전혀 어울리지 않던 사이였기 때문에 무슨 말을 했는지 궁금해 방과 후에 집에 가는 아이를 살짝 불러 세웠다.

초등 고학년의 가을: 우리 아이 관계 습관 만들기

"좀 전에 보니까 OO가 너한테 따로 이야기하는 것 같던데 무슨 이야기했던 거야?"

"아 그거요? OO가 지보고 쉬는 시간에 전학 온 애랑 이야기하지 말라고 하더라고요. 근데 전 그런 거 신경 안 써요. 제가 놀 사람은 제가 판단하니까요." 하며 씩 웃으며 예의 바르게 인사하고 교실 문을 나섰다. 무엇이 그 아이로 하여금 어린 나이에도 흔들리지 않는 일관된 발언과 행동을 하게끔 만든 것일까? 강단 있는 아이라고 생각은 했지만 소신 있게 말하는 모습에 나도 모르게 '멋지다'는 말이 입에서 흘러나왔던 것 같다. 아이의 말과 그 태도는 오래도록 뇌리에서 잊히지 않았다. 그리고 그 이후로 내가 만나는 아이들에게 그 아이의 이야기를 꼭 해준다.

스스로 할 수 있게
자꾸 기회를 주자

　우리가 너무나도 잘 알고 있는 '맹모삼천지교'는 환경의 중요성을 알려주는 중요한 예다. 나는 그 환경을 만들어주는 요소 중에 가장 강력한 요소를 감히 친구라고 말한다. 이것이 꼭 내 생각만은 아닌 것이 많은 부모들이 내 아이 주변에 어울리는 사람을 어떻게 만들어줄 것인가에 늘 신경을 곤두세우는 것을 종종 목격한다. 하지만 내 아이가 누구랑 놀 것인지를 정하기에 앞서 자신이 어떤 사람이 되어야 할지를 선택해야 한다는 것을 잊어선 안 될 것이다. 내 아이가 흔들리지 않는 아이가 되도록 키워야 한다. 그러기 위해서는 아이 스스로 관계를 다지는 법부터 배워야 한다. 즉 아이가 스스로 친구를 선택하고 판단해야 한다는 것이다. '엄마가 쟤랑 놀지 말래'라는 말은 내 아이를 타인에게 의지하게 만드는 첫걸음의 말일 것이다. 아이가 초등 고학년이 아닌 저학년일지라도 주도권은 아이에게 주어야 한다.

유튜브 'EBS 육아학교' 채널에 한국과 영국의 등교 모습 차이를 담은 짧은 영상이 있어 잠깐 소개한다. 한국에서는 초등학교 저학년인 아이가 학교에 가기까지 엄마의 손길이 끊이지 않는 것에 반해, 영국의 아이는 거의 모든 것을 스스로 하는 것을 볼 수 있다. 특히 그 영상에는 유아기의 어린 동생(약 3~4세로 보임)이 혼자서 양치하는 장면도 잠깐 비춰진다. 나는 5세 된 둘째 아이를 양치질해줄 때마다 그 장면을 떠올리며 잠깐이라도 혼자 할 수 있도록 아이를 설득한다. 많은 부모들이 아직 아이가 어리다는 생각, 조금이라도 빨리 상황을 해결하기 위해서 필요 이상으로 아이의 주도권을 빼앗는 경우가 많다. '언젠가는 알아서 하겠지'라는 생각은 어쩌면 자기 위안일지도 모른다. 그런 마음이 어느 순간 단칼에 끊어지면 좋겠지만 그 시기가 언제일 것이며, 또 부모가 끊어야 한다고 생각했을 때 막상 아이가 준비되어 있지 않다면 그것은 어떻게 할 것인가. 친구뿐 아니라 일상의 모든 것에서 스스로 생각하고 판단할 수 있도록, 그리고 연습할 수 있도록 아이에게 시간을 주어야 한다. '이제는 스스로 해야 할 시기가 되었다'고 명백하게 말할 수 있는 결정적인 때는 없기 때문에 계속해서 아이와 씨름해야 한다. 서툴러도 혼자서 하는 힘을 길러주기 위해 단칼에 매정하게 끊는 것이 아니라 일상에서 끊임없이, 자주, 반복적으로 아이에게 기회를 주어야 한다. 내 아이가 초등 고학년에 접어들었다면, 지금 당장 스스로 하는 것이 얼마나 있는지 한 번 돌아보자.

유진쌤의 팁

아이가 스스로 하는 일 체크리스트

앞서 2교시에서도 말했지만 초등학교 시절은 어떻게 하면 공부를 잘할 수 있을까를 고민하는 시기라기보다 자기 할 일을 스스로 해야 한다는 인식과 준비물들을 알아서 챙겨야 하는 것을 완성해주는 시기이다. 그런 의미에서 우리 아이의 현재 생활 상태를 한번 점검해보자. 체크를 할 때 중요한 것은 엄마가 알려주지 않아도 스스로 하느냐이다.

*예) 학원에 갈 시간이 되었다고 아이에게 알려주기 위해 전화한다면 아직 아이가 스스로 하는 것이 아니다.

순번	아이 스스로 해야 할 일	체크
1	스스로 일어나기	
2	알림장 체크하며 준비물 및 교과서 챙기기	
3	학원가기	
4	숙제하기	
5	독서하기	
6	자기 방 청소하기	
7	혼자서 간단히 끼니를 차려 먹고 뒷정리하기	

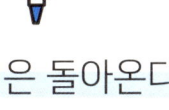

모든 것은 돌아온다
(인생은 부메랑)

고학년으로 갈수록 아이들은 부모보다는 친구들과 많은 시간을 보내고 많은 대화를 나눈다. 나도 그랬다. 초등학생에서 중학생, 고등학생이 되면서 가족보다는 친구들과 보내는 시간이 자연스럽게 많아졌고, 대화의 9할은 친구들이 차지했었다. 인생에서 친구가 가장 중요해지는 시기는 초등학교 고학년부터이다. 6학년 학부모 상담을 하다 보면 대부분의 부모들은 '아이가 사춘기가 됐는지……'라는 말로 시작하며 아이와의 관계가 원만하지 못함을 토로한다. 맞다. 내가 낳은 자식이지만 청소년기의 아이와 관계를 맺는 것이 정말 쉬운 일이 아니다. 그런데 중요한 것은 아이들은 부모와 관계 맺기에 큰 신경을 쓰지 않는다는 것이다. 그보다는 친구들에 대한 관심이 90퍼센트 이상을 차지한다는 것을 알아두자.

사회생활을 해본 사람이라면 '일보다는 인간관계 때문에 힘들다'는 말에 모두 공감할 것이다. 그만큼 사람들과 관계를 맺으면서 살아가는 일이 참 쉽지 않음을 알려주는 말이라고 생각한다. 아무리 개인이 잘났다고 할지언정 인간은 결코 혼자서는 살아갈 수 없는 사회적 동물이기 때문이다. 그래서인지 요즘 인터넷 뉴스나 기사로 터지는 학폭 뉴스를 볼 때마다 참 안타깝다. 책《미안해, 스이카》,《방관자》,《우아한 거짓말》 등에서 접하는 아이들을 보면 어쩜 이리도 잔인할 수 있는지, 왜 저렇게까지 하는 건지 싶다. 학교폭력을 전면에 내세우지 않아도 대다수의 청소년 소설에는 따돌림, 괴롭힘, 무시 같은 이야기들이 자연스레 녹아 있다. 그건 아마 학창 시절에 알게 모르게 누구나 한 번쯤 겪어봤기 때문일지도, 혹은 어른들의 사회에서도 그런 일들이 여전히 비일비재하기 때문일지도 모른다.

누군가를 괴롭히는 사람을 보면 자기가 받은 스트레스를 더 약한 자에게 푼다. 이것이 폭력이 된다. 눌리는 곳이 있으면 터지는 곳이 있기 마련이다. 학교에서도 무엇인가 많이 쌓인 아이들이 그것을 잘못된 방향으로 분출하는 경향이 있다. 누울 자리를 보고 뻗는다는 말처럼 아이들은 기가 막히게 자기보다 약한 존재를 찾아낸다. 여기서 문제가 되는 것은 '저 아이에게는 그렇게 해도 된다'는 생각에 있다. 한 반에 꼭 한 명씩은 아이들 사이에서 '트러블 메이커'를 자청하는 아이가 있다. 만약 반에서 어떤 문제가 생기면 그런 아이들에게 비난의 화살이 쏠리게 된다. 아이들은 자신도 모르게 그 아이를 탓하기 쉬운데, 나는 아이들에게 이를 경고하고 설명해준다. 그리고 그런 아이들에게 '인생은 부메랑'이라는 말을 종종 들려준다. 내가 누군가를 배려하지 못하고 잘못한 일들은 결국 나에게 돌아온다는 인생의 법칙을 말이다. 학교폭력 미투가 방송계에서 터졌을 때를 돌이켜 보자. 결국 배려하지 못하고 잘못한 일들이 부메랑처럼 그들에게 되돌아온 것을. 단지 멋있어 보이지 않을까라는 생각으로 약자에게 으스대는 기분이 좋아서 그런 행위를 하는 것은 지금만 생각한 행동이라는 것을 아이에게 알려줘야 한다. 미래의 아이가 어떤 모습일지 상상해보게 하는 것도 도움이 될 것이다.

배려의 힘을
알려주자

옛 어른들의 말씀 중에 '덕을 쌓는다'는 말이 있다. 나는 아이들에게 앞에서 한 부메랑 이야기 끝에 꼭 덕을 쌓으라고 말한다. 남에게 좋으라고 하는 게 아니라 정말 이기적으로 자기 자신을 위해서 말이다.

내가 결혼을 하고 아이를 낳는 시간을 겪고 나니 이전에는 이해할 수 없었던 엄마와 시어머니의 말씀과 행동들이 이해되기 시작했다. 엄마는 내가 학교에 다닐 때 양로원 등에 찾아가 종종 봉사활동을 하시곤 했다. 특히 할머니가 계시는 친척집을 가는 날에는 그곳의 경비아저씨들에게 항상 음료수며 과일을 드리곤 했던 기억이 있다. 그때는 엄마가 왜 모르는 사람들에게 저렇게 하는 건지 크게 와 닿지 않았다. 그런데 결혼을 한 후, 만난 시어머니도 엄마와 비슷한 성향을 가지신 분이었다. 항상 이웃과 나누는 삶을 살고 계셨다. 두 분이 늘 입버릇처럼 하시는 말씀이 있는데, 항상 좋게 생각하고, 베풀고 나누라는 것이다. 그들이 대단히 이타적인 마음이 있어서 그런 것은 아니었다. 속내를 들여다보면 당신들이 쌓은 덕으로 자식들이 잘되기를 바라는 마음 때문일 것이라고 짐작한다. 내가 아이를 낳고 보니 이 마음이 어떤 것인지 조금 이해가 되었다. 아마 자녀를 가진 부모라면 다 똑같은 마음일 것이다.

 6학년 도덕책 2단원을 살펴보면 봉사에 대한 내용을 담고 있다. 그 예로 이태석 신부님이 소개되는데, 수업자료로 신부님의 영상을 보고 있노라면 과연 인생이 무엇인가를 생각하게 한다. 제대로 된 주거환경조차 갖추어지지 않은 먼 이국땅 아프리카 수단에서 그들을 도우며 살아가는 신부님의 얼굴은 이미 검게 그을렸고 누군가 부러워할 만한 그 어떤 물건(집, 자동차, 옷 등)도 보이지 않는다. 하지만 영상 내내 신부님의 얼굴에는 환한 미소가 떠나질 않는다. 신부님은 수단 사람들이 자신으로부터 많은 도움을 받았다고 하지만, 실제로 자신이 그들로부터 받는 기쁨과 행복이 더 크다는 말과 함께 환하고 따뜻한 미소를 머금고 있다.

신부님이 느끼는 그 행복감은 아마 억만금으로도 바꿀 수 없는 것임을 영상을 보면서 알 수 있을 것이다. 신부님은 자신이 베푸는 것이 결국 자신에게 돌아온다는 것을 알고 있었다. 미국의 심리학자 매슬로의 욕구이론에 따르면 인간은 타인으로부터 '인정'을 필요로 하는 동물이다. 누군가를 도움으로써 자기의 존재 가치를 느낄 수 있다. 그리고 그 행위를 통해 '헬퍼스 하이(《선행의 치유력(앨런 룩스 지음)》에서 처음 사용했다.)'라는 것을 느끼게 되는데 이는 정신적 포만감뿐 아니라 신체적으로도 면역력이 상승하는 효과가 있다고 한다.

나는 누군가에게 선행을 베푸는 것은 결국 자기 자신을 위해서라고 생각한다. 인생도 마찬가지다. 내가 뿌린 대로 돌아온다는 것을 아이들에게 알려주는 것이 정말 중요하다. 내가 베푼 선의와 친절은 어떤 방식으로든 돌아오고, 누군가에게 상처를 주고 잘못한 일들 역시 어떤 식으로든 다시 나에게 돌아온다. 나는 이 법칙을 깨달으면서 아이들도 지금의 현실만 볼 것이 아닌 좀 더 가까운 미래를 보는 심미안을 가졌으면 하는 생각이 든다.

다른 사람을 위한 마음을 가질 수 있게 하자

한때 인기 예능 프로그램들에서 '나만 아니면 돼'라는 말을 쏟아냈던 적이 있다. 물론 웃기라고 하는 말이었지만 나는 그 말을 들을 때마다 불편했다. 인간은 누구나 이기적이고, 자기 자신이 잘되기를 바란다. 이 마음이 잘못된 것은 아니다. 하지만 '나만' 잘되거나 '나만' 상관없으면 괜찮다는 태도는 정말 곤란하다. 우리는 함께 살아야 하는 존재이기 때문이다. 그렇다고 해서 타인이 내 인생의 중심이 되어서도 안 된다. 지도자가 되는 사람도 그저 일반 사람들보다 남을 위해 봉사하는 마음이 아주 조금 더 있을 뿐이라고 한다. 나를 위한 마음이 49퍼센트라면 타인을 위한 마음은 51퍼센트라는 것이다. 그렇다면 평범한 우리는 타인을 위한 마음을 30퍼센트 정도만 남겨도 충분할 것 같다. 자기 자신을 위하는 일뿐 아니라 나도 좋고 남도 좋은 방향으로 나아가는 것이 우리 아이들의 목표가 되면 좋겠다.

누구나 잘되고 싶어 한다. 그러기 위해서는 반드시 타인의 입장을 배려하는 마음이 필요하다. 내가 누군가를 위해 희생하는 것처럼 보이는 그 일들로 인해 결국은 내가 잘되는 것임을 아이들에게 알려주자.

서로 다름을
인정하자

　얼마 전, 아이들 머리를 깎기 위해 미용실에 갔다가 TV에서 나오는 해외 뉴스를 보게 되었다. 미국 지하철에서 흑인 남성이 아시아인을 무차별 폭행하는 장면과 함께 멕시코에서는 경찰이 이주민 여성을 과잉 진압하는 과정에서 사망했다는 소식을 전하고 있었다. 보는 내내 너무 안타까웠다. 피해자들이 단지 자신과 같은 피부색이 아니라는 이유로, 자국민이 아닌 이주민이라는 이유만으로 무차별 폭행을 당한다는 사실이 너무 끔찍했다.

　인종차별과 관련한 사례는 너무 많지만 최근에 전 세계적으로 가장 큰 파장을 일으킨 사건은 조지 플로이드 사건일 것이다. ㅡ'조지 플로이드'라는 흑인이 위조지폐 사용으로 신고 받은 경찰에 의해 체포되는 과정에서 경찰이 그의 목을 과도하게 짓누르면서 결국 사망에 이르게 되었다. 백인 경찰이 체포하는 과정에서 그가 별다른 저항을 하지 않은 모습의 영상이 공개되면서 파장은 더 크게 번졌고 미국 내에서 인종차별에 대한 엄청난 시위와 폭동까지 일어나는 계기가 됐다.ㅡ 이런 사건들을 접할 때마다 실제 우리의 일상 중에 차별은 얼마나 많이 일어나고 있을지 다시 한 번 생각하게 된다. 시대가 변했다고는 하지만, 여전히 자기와 다르다는 이유로 차별하는 사람들이 많다. 사실 우리나라에서는 인종차별이라고 할 만큼 다양한 인종이 살고 있지는 않지만 그에 못지않은 차별과 무시는 어느 곳에나 있다고 생각한다.

　이런 차별이 교실 내에서 알게 모르게 일어나고 있는 모습을 볼 때면 정말 속상함을 금치 못한다. 어느 집단이든 주도하는 사람이 있고 따라가는 사람이 있기 마련이다. 그런데 주도하는 사람이 그를 따르는 사람들을 은근히 무시하는 모습을 종종 마주하게 되는데, 교실에서도 이런 일들이 많이 일어난다. 그런 태도는 아이들의 잘못된 기준 때문에 나타는 것이라 생각한다.

바로, '나만 맞고 내가 옳다'는 생각 때문이다.

학교생활을 하다 보면 다양한 아이들과 만나게 되는데, 그 중에서 친구들과 잘 어울리지 않아도 자기 스스로 할 일을 잘하고 있는 아이들이 있고, 자기만의 세상일지 모르지만 견고한 그 세상 속에 몰두해서 살아가는 아이들도 있다. 나는 그런 아이들의 사회성이 조금 부족한 것은 있겠지만 그렇다고 그 아이들이 잘못됐다고 생각하지는 않는다. 각자 자기만의 방식이 있기 때문에 꼭 친구들과 어울리면서 활발하게 노는 것만이 올바르다고 말할 수는 없다. 오히려 그런 아이들은 확고한 기호가 있기 때문에 크게 걱정하지 않는다. 책 읽기를 좋아하든, 그림 그리기를 좋아하든, 랩 쓰는 걸 좋아하든 비록 소통하는 면은 조금 부족하지만 자기가 무엇을 좋아하는지는 확실하게 알고 있기 때문이다. 물론 혼자만 고립된다면 문제가 되겠지만, 내가 만났던 아이들은 자기들끼리 소통하는 출구가 어딘가에는 있었다. 반드시 같은 학교, 같은 반이 아니더라도 소통하는 누군가가 있다는 것이다. 요즘은 SNS의 발달로 전 세계에서 나와 비슷한 공감대를 가진 사람들과 무언가를 공유하는 것이 정말 쉬워졌다. 자신의 방향이 확실한 아이들이 오히려 보이지 않는 곳에서 꿈을 향해 나아가고 있을지도 모른다. 내가 아는 아이들 중에 교실에서 주도하는 집단도 아니고 또래와 적극적으로 어울리지는 않았지만 자기가 좋아하는 일에 자부심을 가진 아이들이 있었다. 누군가는 4차원이라고 할 수 있는 아이들이지만 나는 그런 아이들일수록 미래에 자기 꿈을 이루면서 살아갈 가능성이 높다고 생각한다.

그런 이유로 아이들에게 자신과 성향이 다른 사람을 함부로 무시하지 말아야 한다는 것을 알려줘야 한다고 생각한다.

한국은 단일민족 국가여서 지역별로 차이는 있겠지만 대부분 비슷한 외모와 말을 사용하는 사람들과 지낸다. 하지만 세상은 정말 넓고 사람들의 모습은 각양각색이다. 그렇기 때문에 커갈수록 다양한 사람들을 많이 만나야 하고, 세상이 넓다는 것을 체험해야 한다. 자신이 좀 잘났다고 생각하는 아이들일수록 조심해야 한다. 그런 아이들의 주변에는 좋은 말만 해주는 사람만 있어 내가 뭘 잘못하고 있는지 모를 가능성이 크기 때문이다. 마치 독재자들 주변에 아첨하는 사람들밖에 남지 않는 것처럼 말이다. 아이들에게 내가 살아가고 있는 세계가 우물 안이며 나는 개구리 같은 존재라는 것을 알게 해줄 필요가 있다.

유진쌤의 팁1

포트폴리오는 SNS를 활용하자

내가 무엇인가(그림 그리기, 코딩, 편집 등)에 빠져 있는 아이들에게 알려주는 팁이 하나 있는데, 바로 SNS에 업로드 하라는 것이다.

실제로 내 말을 듣고서 자기 작품을 꾸준히 업로드 하는 아이들이 있는데, 업로드 하는 작품을 보면서 놀라기도 하고 대견함마저 든다. 아이들이 장난삼아 그림을 그리거나 취미로 무엇인가를 만들고, 연주하는 것을 제대로 모아 두지 않으면 무의미한 낱장 퍼즐 조각에 불과하다. 하지만 자기가 한 것들을 SNS에 꾸준히 업로드 하는 것만으로도 훌륭한 포트폴리오가 될 수 있다는 사실을 알았으면 한다. SNS를 꼭 공개로 하지 않아도 된다. 그저 자신의 기록을 만드는 것에 포인트를 두자. 그리고 부모는 아이의 모습을 촬영해주는 도움만 주자. 만약 아이가 피아노 연주를 좋아한다면, 연주하는 장면을 찍어 올려주면 된다. 대단한 것을 올려야 하지 않을까 고민하지만, 절대 그렇지 않다는 것을 알려주고 계속 자신이 좋아하는 것을 업로드 하다 보면 성장한 모습도 볼 수 있음을 알게 해주자. 만화를 좋아하고 그리는 아이들이라면 네이버와 같은 다양한 플랫폼에서 운영하는 도전 만화에 업로드를 하면 좋다. 코딩을 하는 아이들이라면 자신이 만든 코딩작품을 업로드 하면 된다. 블로그, 유튜브, 인스타그램, 카카오 스토리, 페이스북 등 다양한 SNS 중에서 하나를 골라서 꾸준히 올려보자. 편집할 필요도 없고, 대단한 완성작일 필요도 없다. 그저 내 아이가 좋아하는 것이 있다면 그것을 꾸준히 업로드 해주는 것이다.

나도 얼마 전부터 인스타그램에 추가 계정을 만들어서 첫째 아이의 그림을 업로드 하고 있다. 다른 건 잘 모르겠지만 아이가 그림 그리는 것을 좋아한다는 것은 안다. 지금껏 그려왔던 수많은 그림들은 아이 모르게 은근슬쩍 버리곤 했지만 버려지는 그림들이 은근히 아쉬웠고, 사진으로나마 남겨두고 싶어서 시작했다. 물론 사진으로 찍어둔 그림들도 결국에는 버려질 것이다. 하지만 내가 SNS에 업로드 한 사진들은 계속해서 살아 있을 것임을 나는 안다.

유진쌤의 팁2

읽은 책들을 꾸준히 정리하자

앞의 팁에서 얘기한 SNS에 업로드 한 자료는 현행 대학 입시 증명 자료로 제출할 수 있는 종류의 것은 되지 못한다. 포트폴리오로 증명할 수 있는 자료는 지망 학과와 관련해 읽은 책 목록이다. 이것은 고등학교 생활기록부에 적을 수 있다. 생활기록부에 적힌 책 목록을 보고 이 학생이 진짜 읽었는지 안 읽었는지를 면접을 통해 확인할 수 있기 때문이다. 지금 당장은 아니더라도 적어도 고등학교에 올라가면서부터 읽은 책들의 리스트는 꾸준히 정리해두면 입시에 도움이 될 수 있다. 이때 SNS를 활용하면 좋다. 읽고 난 후 간단한 감상문 정도를 써두면 기억을 반추시키는 데에 더할 나위 없이 좋은 도구가 될 것이다. 앞서 이야기한 것처럼 내 자료를 정리하는데 있어 SNS 만한 도구가 없으니 흩어지기 쉬운 독서기록장의 용도로 SNS를 활용하는 것을 강력하게 추천한다.

누구도 함부로
무시하지 말자

　빌 게이츠를 모르는 사람이 있을까? 빌 게이츠의 명언 중에 내가 아이들에게 꼭 일러주는 말이 있다. 'Be nice to nerds. Chances are you'll end up working for one.'(교실에 있는 괴짜들에게 친절하라, 언젠가 그 친구 밑에서 일하게 될지도 모른다.) 'nerd'라는 단어의 뜻을 검색하면, '멍청하고 따분한 사람', '컴퓨터만 아는 괴짜'라고 나온다. 즉 잘나간다는 아이의 반대일 수 있다. 이 아이들은 교실에서 또 친구들 사이에서는 크게 환영받지 못하지만, 미래에도 그럴 것이라고 장담할 수 없다. 아마 빌 게이츠가 학창 시절 그런 학생이었을 것이다. 외모를 비롯해 다른 것에는 관심이 없고, 컴퓨터밖에 모르는 책벌레 말이다. 당연히 학창 시절, 학교에서 인기 있고 좀 잘나간다고 하는 아이들에게 무시 받았던 경험이 있었을 것 같다. 하지만 그는 세상을 움직이는 인물 중의 한 명이 되었다. 전 세계 사람들 대부분이 'Windows'를 사용하고, 많은 사람들이 그가 세운 회사에서 일하고 있다. 아마 그중에는 학창 시절 그를 놀렸던 친구들도 있을 것이다.

유튜브 채널 '유진쌤의 책책책'을 운영하면서 청소년 문학을 비롯해 아이들 책을 많이 접하게 된다. 그런데 거기서 빠지지 않는 이야기는 학교폭력에 관한 이야기다. 그 책들을 읽으면서 공통적으로 떠올리게 되는 키워드는 '무시'라는 단어다. 어디에서든 집단이 형성되면 그 가운데 자연스럽게 권력구조가 형성된다. 이는 저학년부터 고학년까지 어느 학년을 막론하고 구성되는 아이들의 특성이라고 생각한다. 그 가운데 은연중에 누군가를 자신보다 낮은 상태로 인지하는 것이 바로 '무시'다. 아이들은 자연스럽게 누군가를 평가한다. 특히 어떤 친구가 나보다 '못하다'라는 것이 정해지면 내가 마음대로 해도 된다고 생각하고 그것이 말과 행동으로 자연스럽게 드러난다. 나랑 친하고 좀 괜찮다 싶은 친구들의 잘못된 행동들에 대해서는 쉽게 넘어가면서 나보다 좀 못하다고 생각하는 친구들의 잘못된 행동들은 크게 부풀리고 비난의 대상자로 명명하게 된다. 모든 것은 그 친구가 잘못했기 때문에 이런 내접을 받아도 된다는 분위기로 몰아가는 아이들의 모습을 볼 때면 나도 모르게 언성을 높이게 된다.

내 생각이 틀릴 수 있다는 훈련이 필요하다

부디 아이들이 내 주변의 친구들을 무시하지 않았으면 하는 바람이다. 나와 다르다고 해서 내 생각과 같지 않다고 해서 그 사람이 잘못된 것은 아니다. 각자의 수준은 다르고 내가 갖춘 수준이 절대적이지도 않다. 각자 최선을 다해서 자신의 삶을 살아갈 뿐이다. 성장과 성숙의 속도는 아이들마다 다 다른데, 그걸 잘 모르는 친구들이 많다. 특히 자기 중심화가 극대화되는 청소년기에는 끊임없이 '내 생각이 틀릴 수 있다'는 훈련이 필요하다. 그것은 책 읽기를 통해 가능하다. 책 속에 그려지는 다양한 인물들의 삶을 통해서 우리는 더불어 살아가는 연대를 느낄 수 있다. 최근에 읽었던 루리 작가의 소설《긴긴밤》에서 내가 감동했던 부분은, 오른쪽 눈이 잘 보이지 않는 친구를 위해 그 친구의 오른편에 서서 늘 친구의 시야를 확보해주는 두 펭귄의 이야기였다. 우리의 삶에는 이런 연대가 필요하다고 생각한다. 루이스 쌔커 작가의 소설《구덩이》에서도 내가 좋은 상황이라면 그 상황에 감사하고, 내가 조금 어려운 상황에 놓여 있다면 더 좋은 일이 일어날 수 있다는 가능성을 생각하면서 힘을 내라고 말하고 있다. 그렇다. 내가 조금 잘났다면 그것이 내가 잘해서일 수도 있겠지만 내가 좀 더 운이 좋아서일 수도 있다. 그러므로 누군가에게 내가 잘하는 것을 나누어줄 수 있는 사람이 되어야 한다. 반대로 내가 좀 부족하다면 그것을 인정하고 기꺼이 도움을 구하며 도움을 제공하는 이에게 감사한 마음과 태도를 가지는 것이 필요하다.

모두가 각자 최선을 다해서 살아간다. 아이들이 좀 더 다양한 사람들의 삶을 수용하고 인정하며 살아가는 그런 사람이 되면 좋겠다. '나만 아니면 돼'가 아니라 우리 모두가 괜찮을 수 있는 그런 세상에서 아이들이 살 수 있도록 도와주자.

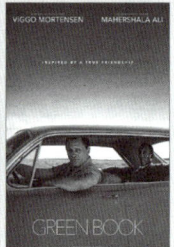

차별에 대해 그린 영화로 〈원더〉, 〈히든 피겨스〉, 〈헬프〉, 〈그린북〉 같은 작품을 가족이 함께 보면서 이야기를 나눠보면 좋겠다. 여기서는 다양한 차별에 관한 이야기가 그려지는데, 작품 모두에서 이야기하는 바는 똑같다. 사람은 겉으로 보이는 '외면'이 전부가 아니라는 것. 우리가 누군가를 판단할 때에 눈에 보이는 모습으로만 사람을 판단하는 것이 얼마나 위험한 것인지를 다시 생각하게 하는 영화들이다. 영화 속 주인공들처럼 나 역시도 부당한 이유로 차별을 받을 수 있는 상황에 언제든지 놓일 수 있음을 간과하지 말고, 어떤 한 사람을 편견 없이 온전히 그 자체로 인정하는 일이 이 시대에 우리가 갖추어야 할 중요한 덕목이라는 것을 잊지 말자.

착한 아이 콤플렉스에서 벗어나자

내가 중학교 시절 '수행평가'라는 것이 도입되면서 모둠 친구들과 함께해야 할 과제들이 엄청 많아졌다. 좋아하는 연예인 덕질도 해야 하고, 친구들과 놀기에도 바쁠 시기에 공부와 과제까지 해내야만 했다. 생각해보면 스트레스를 많이 받았던 시기였다는 생각이 드는데 이제 와서 그때를 돌아보면, 그런 과중한 과제 스트레스에 앞서 내가 결정적으로 잘못 생각하고 있었던 것이 보인다.

나는 친구들 사이에서 트러블을 일으키는 아이가 아니었다. 오히려 친구들이 도움을 많이 요청하는 유형으로 친구들이 많이 찾는 아이였다. 봉사 정신이 투철해서라기보다는 모든 친구들과 잘 지내고 싶은 마음 때문이었다. 그러다 보니 나는 거절을 못하는 사람이 되어 있었다. 누구 부탁은 들어주고 누구 부탁은 서설하는 것이 잘못됐다고 생각했던 것이다. 그렇게 친구들의 과제를 도와주다 보니 어느 순간에는 도움을 넘어서서 내가 친구의 과제를 대신 해주고 있다는 것을 깨닫게 된 사건이 있었다.

학교에서 인사만 나누던 소위 일진이라고 불리던 아이가 미술 과제를 도와달라고 해서 나는 아무 생각 없이 수락했던 것 같다. 처음에는 기본 밑그림 그리는 것만 도와주고 채색하는 방법만 알려주면 되겠다고 생각했는데, 결국 나는 그 아이의 미술 과제를 다 해주게 되었다. 내 단짝이 그 모습을 보고는 엄청 화를 냈는데, 그때는 친구의 그런 반응을 이해하지 못하고 대수롭지 않게 생각했다. 하지만 그 시절을 지금 돌이켜보니 내가 그 아이에게 이용당했다는 생각이 들었다. 물론 그 아이의 의도야 알 수 없지만, 그 당시에는 나에게 많이 고마워했던 것이 사실이다. 하지만 과제를 대신해준 것도 사실이다. 어떻게 보면 그 과제로 정당하지 않은 점수를 받게 된 것이니 올바른 행동은 아니었을 텐데, 그때는 어찌할 도리가 없다고 생각했다. 기억력이 별로 좋지 않음에도 불구하고 가끔 그 일이 생각난다. 그리고 지금 우리 반에서 나와 비슷한 아이들을 만나면 안쓰럽다. 그래서 아이들에게 내 흑역사를 가끔 얘기해준다.

 그 이후로도 나는 내가 했던 일이 바보 같았다는 걸 잘 모르고 살았다. 그런데 이제는 그때 그 일이 정확히 거절하지 못했던 나의 잘못이라는 걸 알게 됐다. 거절하는 것이 잘못된 것이 아닌데, 나는 거절하는 것이 잘못된 것이라고 생각하면서 살았던 것 같다. 그래서 나의 희생을 기꺼이 감수한 적이 많다. 남들이 보기에 딱히 흠잡을 것 없어 보이는 나는 모두에게 사랑받고 싶다는 생각으로 착한 아이 콤플렉스에 사로잡혀 살았던 것이다. 친구 관계가 예민한 사춘기에 그 누구에게도 싫다는 말을 듣고 싶지 않다는 것이 오히려 독이 되었던 것 같다. 물론 지금도 거절을 잘하는 건 아니지만 착한 아이 콤플렉스에서 벗어나기 위해 자꾸 그때의 기억을 되새긴다.

싫어하는 것도 권리다

　나는 내 아이가 말을 너무 안 들을 때마다 한근태 작가의 강연이 떠오른다. 강연을 듣기 위해 온 어떤 사람이 '아이가 너무 말을 안 들어서 걱정이다'라며 하소연을 했다. 그러자 작가는 대뜸 '그럼 아이가 내 말만 고분고분 잘 듣는 사람이 되면 좋겠어요?'라고 되물었다. 마치 내게 하는 말처럼 들려 괜히 움찔했던 기억이 난다. 그건 아니었다. 아이가 말을 안 들을 때마다 화가 나면서도 지난날의 나처럼 시키는 대로 알겠다고 대답하던 삶을 살아가기를 바라느냐고 묻는다면 결단코 아니다. 누가 강요하지 않았지만 내 기분보다는 타인의 기분을 더 중요하게 생각하면서 살아온 나처럼 살기를 바라지 않는다. 내가 가르치는 아이들도 마찬가지다. 무조건 고분고분하게 말 잘 듣는 친구들이 되지 않기를 바란다.

그러기 위해서는 싫어한다는 것 자체가 잘못된 것이 아니라는 것을 알려주어야 한다. 나는 누군가를 싫어하는 것을 잘못된 것이라고 여겼다. 그러면서 '거절하는 것 = 싫어하는 것'으로 동일시했다. 그래서 친구의 부탁을 거절하는 것은 그 친구를 싫어한다는 뜻이니 만약 내가 거절을 한다면 친구가 나를 싫어할 것이라는 이상한(?) 결론을 내렸던 것이다. 이것은 정말 잘못된 생각인데, 교실에서 종종 이런 아이들을 만나게 된다. 그래서 나는 아이들에게 늘 다음과 같이 강조한다.

첫째, 거절과 싫음은 같은 것이 아니다.
둘째, 모두가 나를 좋아한다는 생각 자체가 잘못된 것이다.

아무리 인기가 많은 연예인이나 아이돌에게도 안티팬은 있다. 세상 모든 사람의 취향이 같을 수는 없기 때문이다. 우리가 대부분 가지고 있는 핸드폰도 갤럭시 브랜드를 좋아하는 사람 아이폰을 좋아하는 사람처럼 선호도의 비율적인 측면에서 다를 뿐 아무리 많은 사람이 좋아한다고 해도 100퍼센트란 불가능한 수치이다. 그래서일까. 나는 타인의 시선에 개의치 않고 자기만의 개성으로 살아가는 친구들이 늘 부러웠던 것 같다. 어느 날 내 친구 한 명이 나에게 이런 말을 했다. '괜찮아. 언제나 누군가는 내 욕을 하고 있겠지. 그건 당연한 일이야.' 그 친구는 단지 자신을 비난하는 사람보다는 자신을 인정하고 좋아하는 주변인들에게만 초점을 두고 있었다. 자신을 잘 모르는 제3자의 시선을 알아서 차단하는 모습이 정말 멋져 보였다. 전지은 작가의 《어린이를 위한 하버드 상위 1퍼센트의 비밀》이라는 책에서 '부정신호를 차단하라'고 말하고 있다. 내 친구가 하는 말과 일치했다. 타당성이 없는 타인의 비난에 맞서 당당해질 수 있는 우리 자신이 되어야 한다는 것을 강조하고 싶다.

나는 아이들이 누군가로부터 욕먹는 것 자체를 두려워하지 않는 사람으로 자라기를 바란다. 왜냐하면 싫은 소리를 듣는다고 해서 내가 잘못했고, 내가 나쁜 사람이라는 뜻이 결코 아니기 때문이다. 서로의 관점과 기준이 다르기 때문에 사람마다 잘 맞는 사람이 있고, 잘 안 맞는 사람이 있을 뿐이다. 누군가 나를 싫어한다고 해서 그것이 나쁜 것이고 잘못된 것을 뜻하는 것이 아님을 우리 아이들이 꼭 알아야 한다. 내가 했던 과오를 저지르지 않고 자기만의 방식으로 세상을 살아가는 아이들이 되면 좋겠다.

타인의 기준이 아닌
자신만의 기준을 갖자

우리 반에서 있었던 일이다. 세 명의 아이가 어떤 사건으로 인해 서로 감정이 상한 적이 있었다. 피해를 입었다고 주장하는 아이는 주변 사람들로부터의 인정을 아주 중요하게 여기고 있었고, 자신이 피해를 입은 일에 대해 지나치게 확대 해석하는 경향이 있었다. 그래서 행동을 조금 교정해줄 필요가 있었지만 나 혼자만으로는 역부족이었기에 나머지 두 명의 아이들에게 도움을 요청했다. 만약 또 한 번 이런 일이 생기면 일단 그 자리에서 그 아이에게 맞서지 말고 '미안하다, 혹은 알겠다'고 수긍한 뒤에 나에게 일러주라는 것이었다. 한 명은 그러겠다고 수락했지만, 다른 아이는 자기는 '미안하다'는 말은 할 수 없을 것 같다고 말했다. 그 순간 내심 깜짝 놀랐지만 겉으로는 티를 내지 않고 아이들을 돌려보냈다. 나는 아이의 거절에 전혀 기분이 나쁘지 않았고, 자기가 할 수 있는 것과 할 수 없는 것을 분명하게 선을 그어 말하는 아이의 태도에 연신 감탄했다. 그리고 거절했던 아이의 평소 행동들을 돌이켜보게 되었다. 교실에서는 조용한 편에 속했지만, 친구들과 원만하게 지내고 책 읽기를 좋아해서 책을 많이 읽는 아이였다. 그리고 글쓰기 공책을 통해서도 또래보다 조금 성숙하다는 것도 느껴졌다. 나보다 훨씬 어린 아이지만 참 멋지다는 생각이 들었다.

한 번씩 예전의 나는 왜 그렇게 마음이 단단하지 못했을까 싶은 후회가 밀려올 때가 있다. 모든 사람으로부터 미움 받지 않겠다는 명목으로 내 자신을 힘들게 만들었다. 정작 나 자신을 돌보지 않은 채, 타인의 시선, 타인의 생각에만 사로잡혀 살았다는 생각이 든다. 만약 내 아이가 이런 성향을 가지고 있다면 반드시 '거절' 하는 법에 대해 가르쳐야 한다. 'No'라고 대답하는 것이 절대로 잘못된 것이 아니라는 것을 말이다. 이것은 아이들이 단단하게 살아가기 위해서 뿐 아니라 아이들의 안전을 위해서도 반드시 가르쳐야 한다. (이에 대해서는 뒤에서 더 설명한다.)

내 아이가 '예스맨'은 아닌지 한 번씩 점검해보자. 이때 아이들은 집과 학교에서의 모습이 전혀 다르다는 것을 알아야 할 것이다. 집에서는 새침 까칠한 아이일지 모르시만 학교에서는 한없이 물렁한 아이들이 있다. 반대로 집에서는 고분고분한 아이인데 학교에서 천방지축 날뛰는 아이들도 있다. 부모가 보는 모습이 아이의 전부가 아님을 되새기며 내 아이가 어떤 성향의 아이인지 한 번쯤 생각해보면 좋겠다. 특히 사람들로부터 아무런 걱정이 없겠다는 말을 듣는 아이일수록 그 아이의 내면 깊숙한 심리 상태를 잘 헤아려보아야 할 것이다. 모범생이고 친구 관계가 원만한 아이들 중에 잘해야 한다는 압박감에 시달리며 사는 아이들이 꽤 많기 때문이다.

세상을 살아보니 호의가 계속되면 권리인줄 아는 사람들도 많다는 것을 알게 됐다. 나의 좋은 의도를 악용하는 사람들도 있다는 것을 알아야 한다. 그러니 부디 내 아이를 모든 사람에게 친절한 사람이 되도록 가르치지 말자. 더불어 아이들이 모든 사람에게 사랑받아야만 한다는 생각에서도 벗어나자. 그러면 아이들도 부모들도 조금은 타인의 기준이 아닌 자기만의 기준으로 살아갈 수 있는 사람이 될 수 있지 않을까?

그리고 누군가를 싫어하는 것이 권리는 맞지만 그것을 티를 내거나 거기에 타인을 꼭 끌어들일 필요는 없다는 것을 꼭 덧붙이고 싶다. 아이들을 보면 자신이 누군가를 싫어하는 것을 겉으로 티를 내는 아이들이 있다. 그런데 거기에 끝나지 않고 자신과 친한 친구들도 그 싫어함에 동조시키려고 한다는 것이 문제다. 내가 싫어하는 친구를 내 친구도 싫어하면 둘 사이에는 묘한 공감대가 형성된다. 누군가를 험담하면서 더욱 친해진다는 것이 어찌 보면 맞는 말이지만 그것이 옳은 일이라고 가르칠 수는 없다. 좋아하는 것이든 싫어하는 것이든 똑같다. 나를 중심으로 판단하려 들면 어차피 내 생각과 내 취향과 다른 친구들은 다 나의 적이 될 뿐이다. 이런 아이들은 어린 독재자가 될 수밖에 없다. 마치 김선희 작가의《귓속말 금지 구역》의 '예린'이와 같이 말이다. 내 생각이 맞고 모든 것이 내 뜻대로 되어야만 직성이 풀리는 그런 사람 말이다. 우리는 아이들이 그런 모습이 되지 않도록 가르쳐야 한다. 내가 옳고, 네가 틀린 것이 아니라 서로 다를 뿐이라는 것을.

유진쌤의 팁

선후배를 만들어주자: 멘토링

또래의 친구 관계만큼이나 중요한 것이 선후배 관계다. 중·고등학교에 가게 되면 동아리 활동을 하는데, 이 동아리 활동이 점차 축소되고 있는 현실이 안타깝다. 탁경은 작가의 《러닝 하이》를 읽으면서 선후배라는 존재에 대해 많이 생각하게 되었다. 동아리는 동년배가 아닌 선후배와 관계를 맺을 수 있는 아주 좋은 시스템이다. 인생에서 배울 수 있는 선배를 만난다는 것은 참으로 값진 경험이다. 나는 늘 언니가 있었으면 좋겠다는 생각을 했는데, 왜 그 언니를 친언니로만 규정 지었는지 지금 생각하면 참 어리석었다는 생각이 든다. 형제자매가 없는 아이들은 동아리 활동 등을 통해서 선후배 관계를 만들어주면 좋다. 물론 형제가 있는 아이들에게도 가족이 아닌 타인으로 만나는 선후배는 또 다르게 다가올 것이다. 선배에게 배우고, 후배에게 베풀면서 또래의 친구들 관계에서 배울 수 없는 것들을 배울 수 있다. 또래의 친구들은 기본적으로 경쟁 관계에 놓여 있다. 하지만 선후배 관계는 경쟁보다는 서로 주고받는 도움의 관계가 형성된다. 아이들에게 보다 확장된 인간관계를 만들어주자. 특히 또래 친구 관계에서 힘들어하는 아이들에게 선후배 관계를 추천한다. 동년배에서 느끼는 압박에서 조금 벗어날 수 있는 계기가 될 것이고, 서로 돕고 도와주는 시스템 속에서 타인을 좀 더 이해하는 너그러운 마음을 가질 수 있을 것이다.

'한국장학재단'에서는 대학생 지식 멘토링 사업을 운영한다. 대학생들은 스펙을 쌓을 수 있고 초·중·고 멘티들은 선배들의 이야기를 들어볼 수 있는 좋은 경험이 될 것이다. 일 년에 두 번(하계, 동계)에 걸쳐 이루어지는데, 하계는 5~6월, 동계는 11~12월 신청을 받는다.

유진쌤의 추천 책!

미움받아도 괜찮아

황재연 글 | 김완진 그림 | 박예진 감수 | 인플루엔셜 | 2017

지난날의 나의 모습을 돌이켜 보면 후회도 되지만《미움받을 용기》라는 책이 많이 팔린 것을 보면 아마 나와 비슷한 사람들이 많다는 생각이 든다. 이 책의 어린이 버전으로 같은 출판사에서 출간된《미움받아도 괜찮아》라는 책이 있다. 책의 구성은 원작과 같이 대화 형식으로 주인공 '예서'가 할아버지와 이야기를 나누면서 자기 삶의 기준을 '자기 자신'에게 두는 방법들을 배워간다. 어린이를 대상으로 쉽게 쓰인 책인 만큼 원작을 이해하는데 굉장히 큰 도움이 된다. 아이들이 읽어도 좋지만 부모들이 함께 읽는다면 아이들을 어떻게 대해야 할지에 대해 많은 조언을 얻을 수 있을 것이다.

2

초등 고학년의 가을 수업2

나를 사랑하는 마음가짐 키우기
feat. 아이 자존감 키우기

청소년기가 될수록 아이들은 주변의 시선에 주의를 기울이며 자기 자신을 돌보기를 소홀히 한다. 하지만 아이들이 친구들과 좋은 관계를 맺기 위해서는 결국 자기 자신에 대해 잘 알고, 자신의 있는 그대로의 모습을 인정하는 것이 무엇보다 중요하다. 자기 자신을 사랑하는 아이로 길러내기 위해 부모가 알려줄 수 있는 방법들은 무엇이 있을까? 이 챕터에서는 자존감과 관련한 유진쌤의 이야기를 펼쳐본다.

자기 자신에게 솔직하자
(자신을 인정하자)

학창 시절의 내 모습을 돌이켜보면 선생님의 말씀은 무슨 일이 있어도 지켜야 하는 그런 아이였다. 아직도 생각나는 것이 있는데, 방과 후에 집에 가서 국민체조를 해야 하는 숙제가 있었다. 나는 학교를 마치고 집에 도착하자마자 가방을 벗어던지곤 옥상으로 올라가서 체조를 했다. 그때는 지금처럼 휴대폰이 있던 것도 아니고, 다음날 선생님이 검사를 하는 것도 아니었지만, 누가 보든 안 보든 무조건 그 체조를 했다. 그리고 방으로 돌아와 숙제를 다 하고 내일 가져갈 준비물을 챙겨 놓고는 친구들과 놀거나 만화 영화를 보곤 했다. 물론 학년이 올라가면서 점점 느슨해지긴 했지만, 내 삶은 누군가의 눈에는 FM처럼 보였을 것 같다. 그래서인지 자유롭게 살아가는 사람들이 늘 선망의 대상이었다. 남편이 농담처럼 내게 하는 말이 있다. '당신은 너무 진지해.'

유설화 작가의 《슈퍼 거북》과 《슈퍼 토끼》라는 그림책 시리즈가 있다. 이 그림책은 우리가 너무 잘 알고 있는 동화 《토끼와 거북이》의 이후 일들에 대해서 이야기한다. 경주에서 이긴 거북이와 진 토끼는 그 이후 어떻게 되었을까? 누군가 이후의 일에 대해 생각해본 적이 있을까? 사실 이 책을 만나기 전까지 나 역시도 전혀 생각해보지 못했었다. 그저 토끼처럼 자만하지 말고 거북이처럼 꾸준히 자기 갈 길을 가면 된다는 것이 이야기가 주는 교훈이라는 생각만 했던 것 같다.

그림책의 줄거리를 소개하자면, 거북이는 경기에서 이기고 난 뒤, 그야말로 슈퍼스타가 된다. 그리고 진짜 달리기를 잘해야겠다 다짐하고는 매일매일 훈련을 한다. 주변의 기대에 부응하겠다는 의지로 말이다. 결국 거북이는 꾸준한 노력을 통해 고속열차보다 더 빨라지게 된다. 하지만 어느 날 거울에 비친 자기의 늙어버린 모습을 보면서 깜짝 놀라고 만다. 그리고 토끼와 다시 맞붙은 달리기 경주에서 패배를 한다. 슈퍼스타였던 거북이는 한순간에 뒷방 늙은이 신세가 되면서 모든 스포트라이트는 다시 토끼에게로 돌아간다. 하지만 그로 인해 거북이는 다시 느리게 맞춰진 자신의 일상을 되찾게 된다. 어째서인지 거북이는 열심히 달리기 연습을 할 때보다 더 행복해진 모습이다.

토끼 이야기도 비슷하다. 토끼는 거북과의 시합 이후 졌다는 사실을 인정하지 못하고, 모든 관심이 거북이에게 쏠리는 것에 분개한다. 앞으로는 절대로 달리지 않겠다고 스스로 다짐을 하고 달리고 싶은 욕망을 누르기 위해 온갖 방법들을 동원하며 달리기를 하지 않는다. 그 결과 날렵했던 토끼는 점점 살이 찌고 의욕도 없어진 채로 우울한 모습으로 살아가게 된다. 그러다가 몸에 이상을 느끼고 병원을 가던 중 달리기 경주를 하던 무리에 휩쓸려 어쩔 수 없이 달리게 된다. 그런데 토끼는 다시 달리기를 하는 순간 엄청난 기쁨을 느끼는 자신을 깨닫게 된다. 그 이후 토끼는 다시 달리기 시작하면서 예전 자신의 모습을 되찾으면서 즐겁게 살아간다.

이 두 책이 알려주는 것은 바로 자기답게 살아가는 것의 중요성이다. 우리는 누군가에게 잘 보이기 위해서 혹은 좀 더 나은 모습을 위해서 자신을 꾸미는 경우가 많다. 특히 외부의 시선을 의식하고 주변의 영향을 많이 받는 청소년기의 아이들은 친구들에게 자기도 모르게 과시하려는 면들을 보인다. 하지만 느리게 살던 거북이와 빠르게 살던 토끼가 자기의 정체성을 잃어버리고 주변의 기대에 부응하기 위해 자기 자신의 욕구를 부정하면서 삶이 더 힘들어진 것처럼 우리의 삶도 그와 다르지 않다.

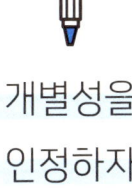

개별성을 인정하자

 학부모를 상담할 때 보면 부모들이 걱정하는 내용은 대부분 비슷하다. 고학년이니 만큼 학업에 대한 고민도 물론 있지만, 내 아이가 학교에서 친구들과 잘 어울리는지에 대한 걱정이 크다. 공부만큼이나 사회성은 정말 중요한 요소이기 때문이다. 하지만 아이들과 잘 어울린다고 해서 모든 것이 다 해결된 것이 아니듯 아이의 사회성이 조금 부족하다고 해서 걱정할 것은 없다고 생각한다. 아이들마다 개별성이 천지 차이이기 때문이다. 제인 넬슨과 린 로트 작가의 《긍정의 훈육(청소년 편)》에서는 아이들의 개별성을 인정해주어야 한다는 것을 강조하고 있다. 비교적 소심하고 혼자 있는 걸 좋아해 친구들과 어울리지 못하는 아이나 자신의 감정을 잘 컨트롤하지 못해 트러블을 일으키는 아이의 부모 대부분은 자신의 아이가 잘못된 것은 아닌지를 걱정하면서, 왜 내 아이는 평범하게 친구들과 어울리지 못할까를 고민한다. 하지만 저자는 일간의 행동을 다룰 때 실제 진실이나 그 상황에 대한 일반적인 생각은 중요하지 않다고 이야기한다. 오히려 모든 인간의 행동은 객관적인 경험을 개인이 어떻게 받아들이고 해석하는지가 더 중요하다는 것을 강조한다. 즉 부모의 눈에 혹은 다른 친구들의 눈에 아이가 조금 이상하다고 해서 그것을 일반화시키지 말라는 것이다. 부모로서 아이에게 해주어야 할 일은 아이가 느끼는 그 감정에 공감하고, 그것을 인정하며, 아이의 입장에서 왜 그렇게 행동했는지를 한 번 들여다봐주는 일이다. 물론 말처럼 쉬운 일은 아니다. 그래서 아이 자신이 느끼는 감정에 대해 잘 인지하는 훈련이 필요한 것이다.

유진쌤의 팁

감정 보드판을 활용하자

시중에 감정 표현과 관련한 자료들이 굉장히 많이 나와 있다. 보드 게임이나 색칠 놀이도 있고, 매일 자기감정을 체크할 수 있는 화이트보드 같은 자료들도 있다. 나는 우리 반 아이들과 옥이샘의 감정 보드판을 활용하는데, 다양한 감정들이 그려진 자석판에 자기 이름이 쓰인 자석을 그때그때 붙이는 것이다. 별거 아닌 활동이지만 아이들은 이 활동을 통해 잠깐이나마 자기 자신이 느끼는 감정에 집중하게 되고 그에 대한 생각을 하게 된다. 집에서도 이런 보드판을 활용하여 가족들이 느끼는 감정들을 알아보면 재미있다.

〈감정을 날씨에 비유한 감정공유판(미리캔버스로 제작)〉

나는 아직 애들이 어리기 때문에 스케치북을 4등분 하여 기쁨, 슬픔, 화남, 고요함을 날씨로 표현해서 냉장고 앞에 붙여두고 아이들과 나의 감정을 공유했다. 아이들이 어려서 구체적인 감정을 일일이 나누는 것이 어려워 4가지 감정만 공유했지만 아이들과 나는 서로의 감정 상태를 알 수 있었다. 단순하지만 서로가 어떤 기분인지를 알아차리는 것만으로도 안정감 있는 상태를 유지할 수 있다는 것이 신기하게 느껴졌다.

유진쌤의 추천 책!

사춘기 준비 사전
박성우 글 | 애슝 그림 | 창비 | 2019

사춘기 성장 사전
박성우 글 | 애슝 그림 | 창비 | 2019

    화, 짜증, 우울감, 분노 같은 감정을 느끼는 것 자체가 잘못된 것은 아닌데, 이를 잘못된 것으로 인지하고 자기 자신에 대해 부정적인 생각을 하는 아이들이 많다. 하지만 이런 감정을 느끼는 것이 잘못된 것이 아니라는 것을 알려주어야 한다. 감정 자체에는 긍정도 부정도 없다는 것을 말이다. 그러기 위해서는 아이들이 느끼는 감정에 대해 정확한 정의를 알 필요가 있다. 그에 도움이 되는 책으로《사춘기 준비 사전》과《사춘기 성장 사전》시리즈가 있다.《아홉 살 마음 사전》이라는 책을 쓴 박성우 작가의 사춘기 시리즈로, 아홉 살 시리즈가 저학년을 중심으로 쓰여졌다면 사춘기 시리즈는 고학년 아이들을 대상으로 만들어진 책이다. 사춘기 아이들이 느끼는 감정과 관련된 어휘의 정확한 뜻을 소개하고 그것이 사용되는 상황들을 그림과 함께 소개하기 때문에 부담 없이 읽으면서 감정에 대해 알아갈 수 있다. 내 아이의 사춘기 감정이 당황스러운 부모들이 함께 읽으면 더할 나위 없이 좋을 것이다.

적절한 리액션은
인정이 된다

 학교생활을 하면서 아이들을 지켜보면 똑똑하다는 아이들, 어찌 저리 잘 자랐을까 나도 모르게 중얼거리게 만드는 아이들 중에 부모의 기대와 주변의 관심 때문에 스트레스 받는 아이들이 있다. 우리 반 아이들이 쓰는 〈천사들의 합창〉 글쓰기에서 '나의 고민거리'라는 주제를 제시하면, 아이들이 공부가 아닌 '관계'에 힘들어한다는 것을 알 수 있다. 아이들이 친구들에게 잘 보이고 싶어 하는 것은 어쩌면 당연한 문제일 수 있는데 부모에게 잘 보이고 싶어 하는 아이들이 있다는 것은 의외였다. 형제가 있든 없든 아이들은 부모로부터 은근히 스트레스를 받고 있다. 내가 육아를 하면서도 느끼지만 아이들이 느끼는 것과 부모가 느끼는 것은 하늘과 땅 차이인 것 같다. 부모는 많이 준다고 생각하지만 아이들은 늘 부족하고, 사랑을 갈구한다. '말하지 않아도 알아요'는 부모 자식 간에도, 사랑하는 연인 간에도, 부부간에도 통하는 것이 아님을 살면서 많이 느끼고 있다. 그리고 말하지 않으면 모르는 것들이 세상에는 너무 많다. 끊임없이 이야기를 해주어도 아이들은 자꾸 까먹는다. 우리가 살아가는 세상이 그렇다. 세상에는 나보다 잘난 사람이 너무 많기 때문이다.

나는 종례 시간에 종종 아이들에게 내가 6학년 때와 비교하면 지금 너희는 정말 잘하고 있는 거라고, 그러니 너무 걱정하지 말라고 말해준다. 하지만 아이들의 글쓰기를 읽노라면 자기에 대한 자신감이 넘치는 아이들은 찾아보기 힘들다. 학교 다니면서 칭찬을 한 번도 받지 못했다고 하는 아이들이 수두룩하다. 정말 칭찬을 못 받았을까? 물론 실제로 칭찬을 받는 빈도가 적을 수도 있지만, 아무리 칭찬해주어도 아이들에게는 부족하다는 의미라고 생각한다.

'잘한다, 잘한다' 칭찬해주면 엇나가지 않을까 걱정하는 부모들이 많다. 나 역시 어지간히도 말 안 듣는 우리 둘째 아이가 늘 힘들다. 둘째라서 예뻐한 것이 이렇게 됐을까 싶은 생각이 들기도 하지만 결국 아이가 바라는 것은 엄마의 크나큰 리액션과 사랑이라는 것을 깨달았다. 아이들은 가장 가까운 사람, 즉 부모에게 잘 보이고 싶고 부모의 인정을 중요하게 생각한다. 그저 아이가 필요로 할 때 적극적이고 큰 반응으로 응대해주면 된다. 이런 것에 인색해질 필요는 없다.

따뜻한 말 한마디
처방이 필요하다

　내가 나가는 독서 모임에 대학생 자녀를 둔 회원은 아이가 어렸을 때 잘못만 지적한 것이 어느 순간 미안해졌다고 했다. 그중에서도 첫째 아이에게 맏이임을 강조하며 짊어주었던 말들이 너무 후회가 됐다고 했다. 그래서 마음을 고쳐먹고 다 큰 아이들임에도 불구하고 '예쁘다'를 남발했더니 아이들이 바뀌더라는 얘기를 해주었다. 그 얘기 뒤에는 아이들의 잘못된 점을 지적하며 그것을 고치게 하기보다는 '무조건 예쁘다고 하면서 사랑해주라'는 말을 몇 번이나 강조했다. 나는 그때 그 말이 오래도록 잊히지 않고 기억에 남는다.

　아이가 자신을 꾸미지 않고 스스로 미운 모습도 받아들일 수 있게 하는 것은 모두 자기 자신에 대한 인정이다. 앞서 이야기했듯 청소년기는 호르몬으로 인해(행복감을 느끼게 하는 호르몬인 '세로토닌'이 일반 어른들에 비해 40퍼센트 이상 적게 분비된다.) 부정적 감정이 기본으로 세팅되어 있는 시기이다. 그로 인해 늘 부정적 신호에 예민하고, 그것을 보다 크게 받아들이기 때문에 자기 자신에 대한 긍정의 마인드를 갖기가 쉽지 않다. 내가 봤을 땐 아무런 문제가 없어 보이는 아이들이 대다수이지만 그들의 글쓰기 공책에 쓰인 자신에 대한 모습은 긍정적이지 않은 모습이 대부분이다. 심지어 내가 봤을 때 매력이 넘치는, 게다가 우리 반 대부분의 아이들이 좋아하는 한 아이가 자신의 걱정거리에 '자기가 매력이 없어서 나중에 결혼을 할 수 있을지가 걱정이다'라고 쓴 것을 보고 놀란 적이 있다. 이 시기의 아이들은 스스로 위축되어 있는 데다 성적, 친구, 부모와의 관계가 총망라하여 짓누르고 있기 때문에 늘 자기 자신을 스스로 괜찮다고 다독이기가 쉽지 않다. 그렇기 때문에 부모는 아이들에게 꼬박꼬박 챙겨 먹는 영양제처럼 긍정적인 말과 따뜻한 말 한마디를 지속적으로 투여해주는 것이 필요하다.

유진쌤의 팁

forget about it

'이소은'이라는 가수가 있다. 나는 그 가수의 노래를 좋아해서 종종 듣곤 했는데, 어느 날 갑자기 공부한다며 미국에 가더니 지금은 국제변호사가 되어 미국에서 일하고 있다. 어떻게 가수라는 직업을 가지면서도 유학까지 가서 변호사 자격을 획득할 수 있었는지 문득 궁금해졌다. 그러다 인터뷰 영상 하나를 보게 되었는데, 거기서 자신이 살면서 가장 힘이 된 말로 'forget about it'이란 문장을 소개했다. 그 문장은 그녀의 아버지가 이소은과 그녀의 언니에게 항상 했던 말이라고 한다. 아버지는 아이들에게 힘든 상황들, 좌절될 만한 일들이 생길 때마다 '어서 잊어버리라고', '별거 아니다'라는 말씀을 자주 하셨는데, 그 말이 그녀에게 큰 위로가 되었다고 한다. 자기가 생각하기엔 아주 큰 일 같았던 좌절과 실패가 그 한마디로 인해 별거 아닌 것처럼 느껴졌다는 것이다. 그리고 힘든 순간이 닥칠 때마다 빨리 극복할 수 있는 계기가 되었다고 했다. 나는 그 인터뷰 영상을 보면서 정말 멋진 위로라는 생각이 들었다. 그 슬픔에 공감을 해주는 것만큼이나 대수롭지 않은 일이라고 이야기해줄 수 있는 누군가가 옆에 있다는 것이 얼마나 큰 힘이 되는지를 알기 때문이다.

언젠가 내가 임용시험에 최종 탈락한 것을 확인하고 펑펑 울고 있을 때였다. 어쩌면 나보다 더 속상할 부모님의 마음을 헤아리기보다 낙담과 슬픔에 빠져, 그 어떤 것도 나를 위로할 수 있는 건 없다고 좌절하고 있을 무렵, 아버지가 방에 들어오셨다. 잠깐 서 계시는 것 같더니 울고 있는 나의 뒤통수를 어루만지시며 '걱정 말아라. 아빠가 이렇게 있는데 무슨 걱정이냐'며 별일 아니라는 듯이 말씀하셨다. 그 순간, 내 앞에 놓여 있던 거대한 슬픔이 부서지는 파도처럼 흩뿌려졌다. 아버지의 그 한마디는 그 무엇보다도 나에게 큰 위로가 되었다. 누구보다 합격 소식을 듣고 싶으셨을 터인데 본인의 실망감을 감추고 다 큰 딸을 위로해주시려 애쓴 무뚝뚝한 경상도 아버지의 그 마음을 떠올리면 지금도 마음이 뭉클하다.

부모의 역할은 이런 게 아닐까. 아이들이 잘못된 것을 부모 탓이라 여기며 자책감에 시달리는 것이 아니라, 아이들이 홀가분하게 다시 일어설 수 있도록 그저 옆에서 '괜찮다' 말해주는 것 말이다. 아이들이 힘겨워하는 지금의 작은 세상이 전부가 아니라는 것을, 당장 죽고 못 살 것 같은 그 친구가 내 인생을 결정지을 수 있는 존재가 아닐 수 있다는 것을, 세상이 무너져버릴 것 같은 일들도 결국 시간이 지나고 나서 보면 별일이 아닐 수 있다는 것을 알려주는 것 말이다. 부모로서 그리고 인생의 선배로서 해줄 수 있는 말은 어쩌면 그것밖에 없을지도 모르겠다.

수능을 망치면 인생이 망하는 것이라고 생각했던 나의 지난날도 다 지나갔다. 친구들은 모두 대학을 가고 나 혼자 학원과 독서실 그리고 집을 오가면서 버텼던 그 1년이 너무 외롭고 힘들었지만 결국 지나갔다. 그리고 그 힘겨운 시간을 잘 버텨낼 수 있었기에 지금의 내가 있는 것이라 믿는다. 포기하지 않고 자기만의 길을 갈 수 있는 아이들로 자라게 만들어주자. 결국 우리가 할 수 있는 일은 지난하고 고단한 삶을 묵묵히 버텨내야 할 뿐임을 말이다.

친구가 인생의 전부는 아니다

아이들은 부모와 선생님에게 매번 잔소리를 듣다 보면 어느새 나와 의견이 비슷한, 혹은 상황이 비슷한 동지를 찾게 된다. 그것이 바로 친구다. 친구는 청소년 시기에 정말 없어서는 안 될 소중한 존재이다. 아이들이 부모의 잔소리 폭격을 견뎌낼 수 있는 것은 나의 소중한 친구가 있기 때문일지도 모른다. 비슷한 공감대를 가진 누군가와 이야기를 나누는 것이 얼마나 소중한지. 나 역시 청소년기를 막론하고 지금도 스트레스 받는 일이 있을 때 친구와 만나서 이야기를 나누다 보면 언제 그랬냐는 듯이 스트레스가 풀리고 기분이 좋아짐을 느낀다.

그런데 인생은 참 아이러니하게도 그런 친구조차 쓴 소리를 할 수 있는 친구가 진심으로 나를 걱정하는 친구라는 것이다. 그들은 좋은 일이 있을 때 진심으로 기뻐해주고, 슬픈 일이 있을 때 역시 진심으로 슬퍼해준다. 그렇지만 상황을 객관적으로 보고 올바른 충고를 할 수 있는 친구는 주변에 많지 않다. 내 아이가 과연 쓴 소리를 할 수 있는 친구를 사귀는지는 알 수 없는 노릇이다.

교실에서 어떤 일이라도 생겨서 아이들을 불러내면 그들의 입에서 나오는 단골 멘트는 항상 정해져 있다. '쟤가 먼저 했는데요'이다.(이는 학년을 구분 짓지 않는 공통된 문장이다.) 아이들은 결코 혼자서 범행(?)을 저지르지 않는다. 절대 내가 먼저 시작한 일은 없고, 자신은 그에 대한 응징으로 따라 했을 뿐이라는 것이다. 동조 현상은 참으로 무섭다. 특히 잘못된 일을 저지를 때 누군가 동조하는 사람이 있다면 그것이 잘못된 일인지 분간하기는 더욱 어려워진다. 예를 들어 담배 피우는 것을 생각해보자. 보통 담배는 '친구'로 인해 시작된다. 모든 것이 그렇듯 처음이 어렵지 한번 시작하면 그다음부터는 별거 아닌 게 된다. 초등학교 때까지만 해도 담배라는 것은 절대로 피우면 안 되고 엄청 나쁜 것으로 인식하지만, 중·고등학교에 올라가면서 친구가 피우는 걸 보는 순간, 왠지 쉬이 넘어설 수 있는 문턱처럼 느껴진다. 친구란 그런 존재이다. 좋은 일을 함께하기도 하지만 나쁜 일도 함께하기가 너무 쉽다. 그리고 인간은 누구나 면죄부를 찾는다. 그에 친구만한 존재가 없다.

특히 '인싸'가 되고 싶어 하는 그 시기의 아이들은 SNS를 통해 보이는 이미지를 중요하게 여기면서 또래의 친구들이 하지 못하는 대담한 일들을 하거나, 값비싼 명품들을 치장하면서 자신을 꾸미려 든다. '좋아요'와 친구들의 '부러워하는 듯한 시선'은 그들을 더욱 의기양양하게 만들고, 자기가 어떤 잘못을 하고 있는지도 모른 채 나중에 후회하게 될지 모를 일들을 하게 되기도 한다.

살아보니 알게 된다. 세상은 참 호락호락하지 않다는 것을. 내가 요즘 들어 강력하게 믿는 말은 '세상에 공짜는 없다'라는 말이다. 나에게 달콤한 말을 하는 사람들은 다 이유가 있다. 특히 사기꾼이나 범죄자는 더욱 그렇다. 친구들도 마찬가지다. 친구를 무작정 의심하라는 것이 아니라 외로운 마음에 파고들어 원치 않는 행동을 부추기는 친구들을 조심해야 한다는 뜻이다.

아이들은 혼자 남겨지게 되는 것을 두려워한다. 탁경은 작가의 소설 《사랑에 빠질 때 나누는 말들》에는 여주인공 '서현'이 소년범 '현수'와 편지를 주고받으면서 그의 범죄를 알게 되는 이야기가 담겨 있다. 현수가 저지른 범죄는 '방화로 인한 살인'이었는데, 그가 함께 놀던 그룹의 리더인 형에게 지시받아 거절할 수 없어 저지른 사건으로 그려진다. 현수는 그 그룹에서 이루어지던 행동들이 잘못된 것임을 알았고, 리더 형의 협박에 의해서 방화를 저질렀다고 말하지만 결국엔 자신이 그룹에서 배제되어 혼자가 되는 것이 두려워 저지른 행동이라 고백한다. 호통 판사로 유명한 천종호 판사가 쓴 책 《내가 만난 소년에 대하여》에서 보여주는 예시들도 비슷하다. 부모의 보살핌을 받지 못하는 외로운 아이들이 또래 친구들에게 의지하고 그 친구들에게서조차 버려지는 것이 두려워 지푸라기라도 잡는 심정으로 그들과 함께 잘못된 길로 빠져들게 되는 것이다. 그러니 부모는 아이에게 늘 혼자가 아니라는 것을 일깨워줄 필요가 있다. 친구보다도 늘 부모가 가까운 곳에 있다는 것을 말이다.

유진쌤의 팁

혼자가 아니라는 신호 보내기

심리학에서는 3명이 모일 때부터 '집단'이라 명명한다. 그리고 집단(그룹)이 형성되는 순간부터 은연중에 내가 소외되는 것은 아닐까 하는 불안한 마음이 자연스레 싹트게 된다. 나도 '저 친구가 나를 싫어하면 어떡하지?'라는 마음이 항상 있었다. 그런 마음은 누구에게나 있다. 특히 리더의 아이들일수록 그런 심리가 더욱 크다. 그러니 나에게 나쁜 길을 유도하는 친구들을 아이 스스로 잘 분별할 수 있도록 가르쳐야 한다. 그러기 위해선 그 친구와 분리가 되어도 괜찮다는 사실을 아이에게 인지시켜줄 필요가 있다.

아이가 혼자 남겨져도 의지할 곳(부모 또는 가정)이 있다는 사실을 알려주자. 혼자가 아니라는 사실을 인지할 수 있도록 부모는 항상 아이에게 신호를 보내야 한다. 청소년기는 유아기와 달리 부모가 친구를 만들어주기 힘들다. 하지만 그 친구가 세상의 전부가 아니라는 사실은 알려줄 수 있다. 내 아이가 특정 친구 혹은 그룹에 지나치게 의지하고 있다면 혹은 그 관계에서 힘들어하고 있다면 그 끈을 놓아도 괜찮다고 말해주자. 어떤 일이 있어도 널 버리지 않을 부모(가족)가 있다는 것을 아는 것과 내 뒤엔 아무도 없다고 느끼는 것의 차이는 크다. 앞서 말했듯 부모는 많이 준다고 생각하지만 아이들은 그렇게 생각하지 않는다. 자신이 사랑받고 있는 존재라는 것을 잘 모른다. 세상엔 경쟁자가 너무 많기 때문이다. 그래서 '사랑해'라고 늘 말해줘도 지나치지 않다. 부모의 울타리가 필요할 때는 바로 이런 때이다. 친구가 많은 것도 좋은 것이 아니며, 지금 당장 '베스트 프렌드'가 없다고 좌절할 일이 아님을 아이들이 알면 좋겠다. 아이 스스로 생각했을 때, '이건 아니다' 싶은 일을 부추기는 친구가 있다면 그 친구와 과감하게 멀어지는 것을 택하는 아이들로 자라기를 바란다. 내가 그 무리에서 벗어나면 친구가 없어지는 것은 아닐까, 혹시 나 혼자만 남겨지는 것은 아닐까 하는 두려움이 생길 것이다. 하지만 그렇지 않음을 꼭 말해주자.

우리가 사는 세상이 전부가 아니다

　해외에서 유학한 적은 없지만 내가 여행을 다니며 느꼈던 것은 '세상은 정말 넓다'는 것이었다. 각 지역마다 사람들의 외모, 언어, 살아가는 모습 등이 다른 것을 교과서만 보아도, 외국 영화 또는 드라마만 봐도 느낄 수 있다. 하지만 우리는 살아가면서 그 사실을 종종 잊는다. 왜냐하면 사람은 자신이 살아가는 반경 내에서 자유롭지 못하기 때문이다. 아무 생각 없이 기계처럼 일상을 살아가다 보면 내가 바라보는 시선의 폭이 굉장히 좁아진다. 주변에는 늘 보던 사람들만 있고, 내가 다니는 곳은 직장(학교)과 동네를 중심으로 그 반경을 크게 벗어나지 못하게 된다.

　문제는 그렇게 반경이 좁아지다 보면 자연스레 내 주변에 있는 사람들과 비교하면서 괴로워지는 일들이 많아진다는 것이다. 학교, 학원에서 만나는 친구들은 다들 나보다 잘하는 것만 같고, 부모님을 비롯한 어른들은 일단 공부만 잘하면 좋다고 강조한다. 게다가 이거 하지 마라, 저거 하지 마라 제약하는 것들은 많아지는데, 하는 일마다 제대로 되는 일은 없는 것 같다. 다들 하고 싶은 게 뭐냐 물어보고, 꿈을 가지라고 조언하지만 이것도 저것도 딱히 되고 싶은 게 없다. 이런 일상이 이어지다 보면 이것도 저것도 다 싫어지는 것이다. 게다가 아이들은 호르몬의 영향을 받는 사춘기이다 보니 더욱 그런 생각을 자주 하게 된다. 문제는 생각은 생각일 뿐인데, 그것을 기정사실로 받아들인다는 데에 있다. 엎친 데 덮친 격으로 친구 관계마저 내 맘대로 안 되는 것 같을 때, 너무나 괴롭고 큰 좌절감을 느끼게 된다. 어른들이 봤을 땐 저게 무슨 큰일이냐고 할 수 있는 일들이 아이들에게는 세상이 무너져버릴 만큼이나 커다란 일이 된다는 사실을 우리는 알아야 한다.

 이런 생각에 사로잡혀 있는 아이들에게 알려주고 싶은 것은 지구 반대편 세상에 대해 생각하라는 것이다. 나는 세계지도를 집에도, 교실에도 붙여둔다. 그리고 아이들에게도 집이나 자기 방에 붙여놓으라고 한다. 답답하다고 느낄 때마다 그 지도를 한 번씩 보라고 알려준다. 지도를 보고 있으면 우리가 살고 있는 대한민국이라는 나라는 너무도 작게 느껴진다. 그런데 그 작은 나라에서도 내가 지금 살고 있는 곳은 그보다 훨씬 더 작다. 아마 내가 살고 있는 동네나 집은 먼지보다 더 작은 점 하나에 지나지 않을지도 모른다. 이렇게 넓은 세상에서 내가 하나의 점이라 생각해보면 그간 고민하고 걱정했던 일들이 아무것도 아닌 것처럼 느껴질지도 모른다.

〈맨 인 블랙〉이라는 SF영화가 있다. 아주 오래전에 봤던 영화임에도 불구하고 마지막 장면이 아직도 생생하게 떠오른다. 주인공이 사는 동네에서부터 나라, 지구, 태양계, 은하 순서로 화면이 줌아웃 되는 장면인데, 화면은 점점 더 큰 세상 밖으로 밀려나고, 최종적으로 은하가 하나의 작은 구슬이 된다. 그리고 구슬은 미지의 생명체인 외계인의 손에 들려지고 놀랍게도 그 외계인의 주머니 속에는 또 다른 구슬들이 한가득 들어 있는 걸 볼 수 있다. 우주가 무한히 넓다는 것을 단편적으로 보여준 그 상상력이 너무도 기발했다. 나는 한 번씩 힘겨운 일이 있을 때마다 그 장면을 떠올리며 그것이 사실이라고 믿는다. '내가 사는 세상이 전부가 아니다'라는 문장을 떠올리면서 말이다.

내 아이도 그러기를 바란다면, 지금 당장 원하는 것들이 눈앞에 현실로 이루어지지 않는다고 해서 절대 좌절하지 말라고 말해주자. 그리고 주변에 있는 친구의 삶과 너무 비교하지 말고, 내가 좋아하는 친구가 나를 좋아하지 않는다고 해서 너무 실망하거나 좌절하지 말라고 말해주자. 살아가면서 만나게 될 사람들은 자신의 의지에 따라서 결정된다. 그러니 내 주변에 있는 친구가 영원할 수도 있지만 영원하지 않을 수도 있다는 것을 알게 해주자. '단 한 명의 친구만 있어도 성공한 삶이다'라고 말할 만큼 서로 신뢰를 쌓고 함께할 수 있는 친구를 만나는 것은 어려운 일이라는 것도 말이다. 내 친구가 내 뜻대로 움직이기를 바라기보다는 각자의 삶을 존중하면서 자기만의 길을 가는 사람이 되기를 바란다.

유진쌤의 팁

혼자만의 여행을 보내보자

작년에 졸업했던 아이가 힘들다면서 연락이 왔다. 아이는 여러 가지 일들이 겹쳐서 힘들다고 했다. 이런 저런 이야기를 해주었지만 결국 아이가 스스로 헤쳐나가야 할 문제였다. 나는 아이에게 혼자만의 여행을 제안했다. 혼자서 여행을 다닌다는 아이가 있어 생각이 났다. 그 아이는 제법 성숙한 친구였는데, 엄마가 먼저 여행 갈 지역의 숙소를 예약해주면, 혼자 고속열차를 타고 1박 2일 여행을 다녀온다고 했다. 처음 그 이야기를 들었을 때는 놀라긴 했지만 지금 생각해보면 그 아이의 독립적인 태도는 그렇게 길러진 게 아닌가 싶다.

물론 아이를 혼자 여행을 보내기엔 아직 어린 나이라고 생각될지도 모른다. 그래서 처음부터 멀리 가는 여행을 제안하지는 않는다. 여기서 포인트는 혼자만의 시간을 가지는 방법을 알려주는 것이다. 아이는 하나의 독립체로서 이제 준비하는 나이다. 청소년은 어린이와 어른의 중간단계로 부모로부터 점점 멀어지는 시기이기도 하다. 그 신호를 알아차리고 독립적인 인격체로서 아이를 존중해야 할 준비를 해야 한다.

부모가 다녀보고 좋았던 장소를 제안해보자. 동네 등산로나, 산책길, 혹은 자전거 코스 등을 알려주면서 잠시나마 일상의 스트레스에서 벗어날 수 있는 혼자만의 시간을 갖게 해주면 좋겠다. 많이 걱정이 된다면 함께 나가서 잠깐 시간을 주는 것도 좋은 방법이다. 아이가 조금 컸다면 버스를 타고 종점까지 갔다가 다시 되돌아오는 코스도 추천한다. 버스를 타고 내가 사는 동네나 조금 더 멀게는 시내 한 바퀴를 돌면서 멍하게 세상 풍경을 바라보다 보면 잠깐이나마 고민하던 것들에서 멀어지게 될지도 모른다.

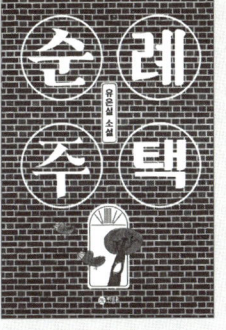

걷는 사람, 하정우
하정우 지음 | 문학동네 | 2018

순례 주택
유은실 지음 | 비룡소 | 2021

《걷는 사람, 하정우》를 읽다 보면 아무 생각 없이 혼자서 걷는 것만으로도 많은 것이 해소된다는 것을 알 수 있다. 연기도 그림 그리기도 그리고 글쓰기에도 다재다능한 한 사람의 삶의 태도에 대해 엿볼 수 있는 책이다. 삶에 대해 진지한 고민을 하면서 살아가는, 결국 인생의 주인은 오롯이 '자기 자신'이 되어야 한다고 말하는 저자의 이야기가 인상 깊다. '걷기'라는 혼자만의 짧은 여행을 통해서 인생은 결국 자신의 힘으로 살아가는 것임을 깨달으면 좋겠다.

그리고 어른이란 자기 힘으로 살아보려고 애쓰는 사람이라는 것을 알려주는 《순례 주택》이라는 책이 있다. 이 책을 읽으면서 아이들이 진정한 어른이 된다는 것이 어떤 것인지, 자신은 스스로 그런 어른이 될 준비를 잘하고 있는 것인지 한 번 생각해보는 시간을 가지면 좋겠다. 평생 세신사로 일하며 정정당당하게 번 돈으로 구입한 빌딩에 시세보다 저렴한 임대료를 책정하여 세입자를 받아 독립적으로 살아가는 '순례 씨'와 평생 아버지와 누나들에게 의지하며 고급 아파트에서 살아온 '수림이네 부모님'의 삶을 극명하게 비교시켜 진정한 어른이 무엇인지에 대해 다시 한 번 생각하게 만드는 책이다.

취미는 인생의 활력이 된다

걱정과 고민이 없는 사람은 없고 스트레스를 받지 않는 사람은 없다. 하지만 그것을 잘 풀어내는 방법을 아는 사람은 많지 않은 것 같다. 아마 자기 자신에 대해서 잘 모르기 때문이라 생각한다. 생각보다 많은 사람들이 자신이 무엇을 좋아하는지 싫어하는지를 잘 모른다. 그저 시간이 나면 하릴없이 스마트폰을 들여다보면서 시간을 때운다. 그래서 나는 취미 생활이 정말 필요하고 중요하다고 생각한다.

자기소개를 할 때 빠지지 않는 것이 '취미'이다. 보통 '독서'라고 말하지만 정작 우리나라 성인 1인당 독서량은 일 년에 7권을 넘지 못하는 수준이다.(2019년 일반 성인 평균 독서량 6.1권[종이책 기준], 2019년 국민독서실태조사) 진짜 취미가 독서인 사람은 얼마 되지 않을 것으로 추정된다. 취미는 인생을 즐기게 만드는 아주 중요하고 반드시 필요한 것인데, 이를 강조하는 사람은 별로 없다. 취미를 사소한 것으로 여기는 것이다. 하지만 잘 배워 둔 취미는 인생의 동반자가 되어 삶을 풍요롭게 만들어준다.

　　나는 방학이 되면 '아침마당'이라는 프로그램을 즐겨보는데, 폴댄스를 하는 치과의사가 출연한 적이 있다. 취미 생활로 시작한 그 일이 이제는 삶에 큰 활력이 된다면서 굉장한 만족감을 표현하였는데, 이것이 바로 취미 생활의 긍정적인 예라고 할 수 있다. 어려서부터 아이들에게 이것저것 다 잘하는 엄친아로 만들기 위해서가 아닌 평생 가지고 갈 수 있는 취미 생활 하나를 만들어준다는 것으로 목표를 삼는 건 어떨까. 다양한 것들을 체험하다 보면 내 아이가 정말 좋아하고 잘하고 싶어 하는 분야를 짐작할 수 있을 것이다. 부모의 역할은 아이가 그것을 꾸준히 할 수 있도록 도와주는 것이다. 그렇다고 아이가 그 길로 가려고 하면 어떻게 하냐고 괜히 미리부터 겁먹을 필요는 없다. 예체능 계로 아이를 밀어주는 것에 부담을 느끼는 학부모들이 많다. 아무래도 교육비가 많이 들기도 하고 잘못했다가는 이것도 저것도 안 되는 미래가 기다리고 있다고 생각하기 때문인 것 같다. 하지만 꼭 대단한 연주자 혹은 1등 하는 운동선수가 되는 것이 전부는 아니다. 적어도 그것들을 배우는 동안 끈기와 인내를 배우고 예술을 알게 된다는 사실을 기억하자.

예술은 우리 삶에 아주 중요한 것인데 특정인이 누리는 것으로 혹은 인생에 있어 부가적인 것이라고 생각하는 사람들이 많다. 악기를 배우는 아이들은 자연스럽게 모차르트를 알게 되고 클래식을 듣게 된다. 미술을 배우는 아이들은 데생의 기초를 배우면서 아그리파를 알게 되고 은연중에 많은 명화들을 접하게 된다. 이것을 아는 것과 모르는 것이 가져다주는 삶의 차이는 상당히 크다. 예술은 우리 삶 곳곳에 놓여 있기 때문이다. 삶을 좀 더 풍요롭게 만들어주는데 일조하는 취미 생활을 그저 공부에 방해가 되는 것으로 여기며 간과하지 말자. 비록 1등이 아니더라도 남들보다 조금 더 잘 알고, 잘 다룰 수 있는 어떤 재주 하나를 몸에 익혀두는 것은 인생을 살아가는데 있어 큰 원동력이 된다. 자기에 대한 자존감, 자긍심을 높여주는 것 중의 하나가 잘 배워둔 취미 생활이라는 것을 잊지 말았으면 좋겠다.

유진쌤의 팁

취미 찾기

취미 찾기를 위해선 우선 자기가 좋아하는 것과 싫어하는 것에 대해 생각해볼 필요가 있다. 다음의 표를 사용해서 아이들에게 생각날 때마다 적어보게 하자. 냉장고나 아이 책상 앞에 붙여두고 수시로 적게 하면 된다. 부담 없이 생각나는 대로 적다가 점점 더 구체적으로 써보면 좋다. 예를 들어 운동을 좋아한다면 공으로 하는 구기 종목이 좋은지, 아니면 맨몸으로 하는 체조가 좋은지, 아니면 음악에 맞춰서 할 수 있는 댄스나 에어로빅이 좋은지, 땀을 푹 낼 수 있는 달리기나 줄넘기 같은 유산소 운동이 좋은지 등을 구체적으로 생각하는 것이다. 먹는 것도 구체적으로 생각해보게 하자. 예를 들어 라면을 좋아한다면 컵라면이 좋은지 끓인 라면이 좋은지, 그중에서도 푹 익힌 면발이 좋은지, 약간 덜 익은 상태의 면발을 좋아하는지, 매운맛이 좋은지, 순한맛이 좋은지, 달걀이 들어간 게 좋은지, 밥을 말아 먹는 게 좋은지 등 평소에 깊이 생각해보지 않은 것에 대해 구체적으로 생각해보면서 자신의 취향에 대해서 알아보는 시간을 가져보자.

간혹 나는 뭘 좋아하는지 잘 모르겠다고 말하는 아이들이 있다. 그런 아이들에게는 싫어하는 것을 먼저 생각해보라고 말해주자. 좋은 건 잘 모르겠지만 '이건 너무 싫다' 하는 것들은 있기 마련이다. 예를 들어 '퉁퉁 불은 라면은 너무 싫어', '카톡에서 맞춤법 틀리는 거 너무 싫어' 같은 것이다. 그리고 이 작업을 온 가족이 볼 수 있는 곳에 붙여두고 가족 구성원이 다 함께 해보면 어떨까? 다 알고 있다고 생각했던 우리 가족에 대해 새로운 발견을 할 수 있는 시간이 될 것이다.

	내가 좋아하는 것	내가 싫어하는 것
1		
2		
3		
4		
5		
6		
7		
8		
9		
10		
11		
12		
13		
14		
15		
16		
17		
18		
19		
20		
21		

유진쌤의 성교육1

달콤한 말을 하는 사람을 조심하자

학교에서는 교과 과목 외에도 아이들의 안전하고 건강한 생활을 위해 많은 교육을 한다. 범죄와 관련된 도박, 악플, 교통안전, 아동 납치, 성교육과 같은 것들이다. 고학년을 맡은 나는 성교육을 필수로 하고 있다. 보통 보건 선생님을 통해서 성교육이 이루어지지만 그것과 별개로 하는 데는 이유가 있다. 성교육은 3차시로 이루어지는데, 1, 2차시는 보건 시간에 배울 수 있는 2차 성징에 대한 것이고 3차시 수업은 성범죄와 관련된 주제이다. 즉, 세 번째 수업을 하기 위해서 앞의 수업을 한다.

날이 갈수록 성범죄와 관련한 사건들이 많아지는 것들이 너무 무섭기도 하고, 범죄의 유형이 너무도 다양하다는 것에 놀란다. 결국 예방만이 우리가 할 수 있는 최선이라 생각한다. 친구 관계와 관련한 챕터에서 갑자기 범죄와 관련한 이야기를 꺼내서 당황스러울 수도 있겠다. 그렇지만 정말 중요한 문제라 생각하고, 이 또한 관계에서 시작하는 것이라 넣기로 한다.

EBS 프로그램 중, '낯선 사람을 따라가면 위험하다'에 의문을 제기하면서 보여주는 범죄에 관한 다큐멘터리가 있다. 여기서 말하는 것은 범죄자들은 우리가 통상적으로 생각하는 얼굴에 칼자국이 있고 인상이 험악한 사람들이 아니라는 것이다. 그리고 정상적인 어른들은 아이들에게 도움을 요청하지 않기 때문에 누군가 아이들에게 친절하게 대하며 도움을 요청할 때 그것을 정중하게 거절할 수 있도록 가르쳐야 함을 보여준다. 실험을 보고 있으면 정말 기가 막힌다. 대다수의 아이들은 어른들이 도와달라고 하는 것에 거절하지 못하고 순순히 도와준다. 납치, 유괴의 방식은 우리가 생각하는 것처럼 갑자기 자동차 한 대가 나타나서 아이들을 홀라당 태우고 사라지는 액션 영화 같은 모습이 아니다. 그들은 선량한 모습을 하고 아이들에게 친절하게 다가가서 그들의 순수한 마음과 호의를 악용한다. 그 영상을 볼 때마다 정말이지 매번 소름이 끼

친다.

    그간 범죄와 관련된 자료를 통해 알게 된 것은 아이들에게 접근하는 가장 쉬운 방법이 바로 달콤한 말을 하는 것이었다. 즉 '꼬시는 것'이다. 아이들이 어릴수록 자신이 보아왔던 만화 캐릭터들의 영향으로 나쁜 사람(범죄자)은 인상이 아주 험악한, 누가 봐도 무서움이 느껴지는 얼굴을 그리거나 선택한다. 그것은 반대로 인상이 좋거나 지극히 평범해 보이는 얼굴을 가진 사람에게는 경계심을 풀게 되는 것을 의미한다. 특히 그런 사람이 나에게 선물을 하거나 누가 들어도 혹할 좋은 말들을 해주기 시작하면 자기도 모르게 상대에게 넘어가 버린다. 여기서 어린아이들이라는 것은 저학년들에 국한되는 것이 아니라 성인이 되지 않은 대다수의 청소년들을 의미한다. 대부분의 아동 범죄는 주변에서 흔히 볼 수 있는 인상의 평범한 외모(혹은 호감형의 외모)에 아주 친절하고 상냥한 모습을 하고 있다. 우리가 동화 속에서 봤던 마녀의 모습과는 아주 다르다. 인간은 어른이든 아이이든 달콤한 말에 쉽게 흔들리는 존재다. 드라마로도 각색되어 방영되었던 김웅 작가의 《검사내전》이라는 책을 읽어보면 아이들뿐 아니라 어른들 역시도 그럴 듯한 외모의 사기꾼들에게 쉽사리 속아 넘어간다는 사실을 알 수 있다. 이 책에서 검사가 말하는 것은 딱 한 가지다. 사기꾼이 속이려 들면 누구든 넘어갈 수밖에 없게 돼 있다고. 결국 사기라는 것은 인간의 나약한 심리를 악용하는 아주 무서운 것이다. 한편으론 팍팍한 삶에 나에게 칭찬을 해주는 사람을 만나기가 쉽지 않구나 싶은 씁쓸함이 들기도 한다.

유진쌤의 성교육2

몸캠을 아시나요

혹시 '몸캠'에 대해서 들어본 적이 있을까? 서민수 작가의 《내 새끼 때문에 고민입니다만,》이라는 책을 통해 몸캠을 알게 되었다. 저자는 현직 경찰관으로 청소년 담당 업무를 맡으면서 아이들의 실제 피해사례를 바탕으로 쓴 글이라 내용이 상당히 구체적이다. 읽고 있노라면 놀라움을 금할 수 없다. 그 가운데 가장 충격적이었던 것이 바로 '몸캠'에 관한 것이었다.

몸캠은 아이들의 알몸, 중요 부위의 사진, 또는 자위행위 등의 사진이나 동영상이 범죄자의 손에 들어가면서 일어나는 범죄이다. 이렇게만 말하면 피해자인 아이들이 성인 사이트에 접속했기 때문이라 일축할 수도 있지만 그것이 전부는 아니다. 내가 놀란 것은 이것이 이루어지는 수법 때문이었다. 범죄자들은 마치 다단계 판매처럼 철두철미하게 조직이 짜여 있다. 우두머리는 눈앞에 보이지 않는다. 범죄의 시작을 알리는 가장 아래에는 앞서 이야기한 선량해 보이는 혹은 그럴듯한 외모의 친숙한 사람만이 있을 뿐이다. 이들은 SNS를 통해 아이들에게 접근한다. 당연히 처음부터 본색을 드러내지 않는다. 교묘하게 그들의 본색인 날카로운 이빨과 발톱을 숨긴 채로 친절하게 접근한다. 모든 범죄가 그렇듯 특히 마음이 외롭고 허전한 아이들이 쉽게 걸려든다. 왜냐하면 그들은 아이들이 평소 듣지 못한 달콤한 말들로 끊임없이 꼬여내기 때문이다. 게다가 이들은 끈질기다. 짧게는 단 며칠, 길게는 몇 달에 걸쳐서 아이들과 지속적으로 연락을 하면서 친분을 쌓는다. 그러다 아이들의 경계심이 무너지는 순간, 성적인 이야기를 자연스럽게 흘리면서 그들이 원하는 사진이나 영상을 아이들 스스로 촬영하게 만들어 전송하게 한다.

《열다섯, 그럴 나이(나윤아 외 지음)》라는 청소년 소설에도 몸캠에 관한 이야기가 실려 있다. 소설에서 그려지는 이야기는 내가 읽었던 범죄의 수법과 비슷했지만, 새롭게 알게 된 유형은 영상의 주인공이 자신이 아님에도 불구하고 피해를 입을 수 있다는 것이었다. 소설의 주인공은 자신의 얼굴이 교묘히 합성된 성적인 사진이 유포되는 범죄에 걸려드는데, 그 영상은 삽시간에 퍼지게 되고, 주인공은 자신이 직접 한 일이 아님에도 불구하고 영상이 유포되면서 극심한 스트레스를 받는 모습이 그려진다. 이 또한 몸캠의 또 다른 수법인 것이다.

이런 의미에서라도 아이들은 자기에게 좋은 말만 해주는 사람을 의심할 필요가 있다. '몸에 좋은 약은 쓰다'라는 속담이 있다. 사춘기 시절 부모와 자녀 사이, 선생님과 학생 사이가 멀어지는 이유는 부모님과 선생님은 아이들에게 쓴 약을 많이 주는 사람들이기 때문일지 모른다. 아이들을 걱정하는 어른들은 그들이 듣기 싫어하는 잔소리를 끊임없이 쏟아낼 수밖에 없다. 나 역시 아이들에게 끊임없이 잔소리를 하고 있으니 말이다. 그렇지만 아이들에게 단단히 새겨둘 것은 지금의 달콤함이 언제 쓰디쓴 현실이 되어 돌아올지 모른다는 것이다.

4교시

초등 고학년의 겨울

: 우리 아이 긍정 습관 만들기

1
초등 고학년의 겨울 수업

긍정적인 마인드를 위한
아이 자존감 정비하기

그 어떤 용한 점쟁이도 과거를 맞추는 만큼 미래를 짐작하기는 쉽지 않다. 미래는 점쟁이가 예상한 대로 흘러가는 것이 아니라 지금 내가 어떤 일을 하느냐에 의해 결정된다. 우리의 삶은 어느 한순간 짜잔 하고 돌변하는 마법이 아니기에 자기 자신을 믿으며 꾸준히 무엇인가를 해 나가는 습관이 무엇보다 중요하다. 무엇인가를 꾸준히 하면서 그것을 차곡차곡 기록하는 가운데 자존감은 자라나고 내 인생도 그에 따라 성장한다. 우리 아이들이 자신의 미래를 미리 단정 짓지 않고 스스로 인생을 만들어갈 수 있도록 아이들에게 보내는 따뜻한 관심과 응원을 멈추지 말자.

미래를 단정 지어
포기하지 말자

새로운 생각과 나의 직업에 대한 새로운 관점을 갖고 처음 마주했던 6학년 아이들, 그 아이들의 졸업식을 준비하면서 어떤 말을 해주어야 할까 고민했다. 결국 내가 아이들에게 해주고 싶은 말은 내가 했던 과오를 되풀이하지 말라는 것이었다. 그것은 바로 아이들이 미래에 대해 단정 짓는 일이었다.

언제부터였는지는 모르겠지만 나는 세상이 정한 기준에 따라서 대학에 가고 직업을 갖고 결혼을 하고 아이를 낳았다. 그러면서 자연스럽게 내 인생의 결말을 단정 지어버렸던 것 같다. 구체적으로 그에 대해 고민하면서 괴로워한 것은 아니지만 가랑비에 옷이 젖듯 '엄마로 그리고 교사로 끝이겠구나'라는 막연한 생각을 했던 것 같다. 그러면서 기대할 것 없는 나의 미래를 그리며 우울감에 사로잡혔다. 하지만 그것이 아니라는 것을 깨닫게 되었고, 나를 통해 단 한 명이라도 자신의 인생에 대해서 다른 생각을 갖게 하겠다는 꿈을 꾸게 되었다.

아직 초등학교 6학년밖에 되지 않았음에도 불구하고 아이들은 너무도 많은 정보와 지식들 속에서 자기 자신의 위치를 잡아간다. '나는 이 정도까지지', '나는 원래 이 정도밖에 못 해'라는 것은 비단 6학년에게서만 보이는 것이 아닌 아직 꼬맹이인 내 아이들에게서도 발견할 수 있는 모습이다. 나는 그것을 보면서 꼭 그렇지 않다는 것을 자주 말해주어야겠다고 느꼈다. 미래를 단정 짓지 말고, '나는 원래부터 이런 사람이야'라는 틀에 갇히지 말고, 끊임없이 앞으로 나아가기 위해 노력하라고 말이다.

그래서 나는 우리 반 아이들의 졸업식을 위해 '아마존의 첫 사무실 사진'과 '토끼와 거북이' 이야기를 준비해서 들려주었다. 토끼가 거북이에게 달리기 게임을 제안한 것부터가 이 이야기의 오류일지도 모른다. 서로의 수준 차가 너무도 크기 때문이다. 하지만 거북이는 토끼의 제안을 흔쾌히 받아들인다.

"토끼와 거북이의 이야기에 이상한 점이 있지 않아? 질 게

뻔한 승부에 '예스'라고 답했던 거북이가 과연 멍청한 것일까?" 나의 질문에 아이들은 한 방 먹은 듯한 표정을 지었다.

재빠른 아이일수록 소위 똑똑한 아이들일수록 자신이 이길 수 있는 분야에만 도전하고 그렇지 않은 것에는 시도조차 하지 않는다. 물론 그것은 실패를 경험하지 않을 훌륭한 태도일지도 모른다. 실제로 내 주변에 그런 친구들이 많다. 그들은 똑똑한 만큼 자신의 한계에 대해 정확하게 인지하고 잘 알지 못하는 분야에는 도전하지 않는다. 만약 내 아이가 거북이 같은 사람이 되기를 바란다면, 자신의 한계 혹은 자신의 가능성에 대해 지레짐작 하면서 해보지도 않고 포기하는 사람이 되지 않도록 하자. 미래를 단정하면 아무것도 할 수 없게 된다.

대단한 결과보다 꾸준히 나아가는 사람이 되게 하자

우리나라에서는 '안분지족(安分知足)' 즉, 분수에 맞게 살라는 것이 미덕으로 그려진다. 이것이 절대 틀린 말이 아니다. 하지만 나는 벌써부터 아이들이 자신의 가능성에 대해 스스로 단정 짓고 한 걸음 뒤꽁무니 빼는 태도를 갖지는 않았으면 좋겠다. 시험이 어려운 것은 정해진 시간이 있기 때문이다. 충분한 시간이 주어진다면 누구나 곰곰이 생각하여 풀 수 있는 문제들이 많다. 특히 학창 시절의 시험은 자신의 온전한 능력을 측정하기보다는 스킬을 익힌 자에게 좀 더 유리하게 흘러간다. 그런데 대부분의 아이들은 시험의 스킬에 대해 생각하기보다는 시험 점수를 곧 자기 능력과 결부시키면서 점수가 낮으면 자기의 가능성을 한참 아래로 낮춰버린다. 그래서는 안 된다. '나는 나'고 '시험은 시험'이다. 성적과 시험의 테두리 속에 '안분지족'하면 안 된다. 나는 이 정도니까 여기서 만족할래가 아니라 안분지족의 테두리를 자꾸 넓혀가기 위해 계속해서 나아가야 한다. 아주 조금씩이라도 말이다.

조선의 실학자 성호 이익 선생의 말 중에 '장진지효(長進之效)'가 있다. 길게 보고 꾸준히 가다 보면 반드시 좋은 결과가 있다는 뜻이다. 나는 이 말을 좋아한다. 우리는 인생에 있어 늘 로또 같은 '한 방'을 꿈꾸지만 내가 살아보니 인생은 그걸로 해결될 일이 아니었다. 한 방이 터지면 또 다른 한 방을 기대하는 것이 인간이다. 혹여 운 좋게 한 방 터지면 뭘 할 것인가. 그 한 방을 제대로 유지할 능력이 없으면 결국 아무 소용없는 일이 된다. 그러니 부모는 아이들에게 어떤 대단한 결과를 바라면서 힘들어하지 말고, 아이가 작은 것이라도 꾸준히 실천하면서 앞으로 나아가기를 독려해보자. 한 걸음 한 걸음씩 나아가다 보면 언젠가는 출발지점이 보이지 않을 정도로 이동해 있는 자신의 모습을 발견하게 될 것이다. 느리지만 거북이처럼 꾸준히 나아가는 사람. 그런 사람이 되는 것이 나의 소소한 일상의 목표이며, 우리 아이가 걸어갔으면 하는 방향이다.

스스로 자랑스러운 과정을 만들자

'엄마, 100원만' 나는 어릴 적 엄마를 볼 때마다 '100원만'을 졸라댔던 것 같다. 지금 생각하면 너무 웃긴데, 그때는 정말 절실했다. 가난하진 않았지만 그렇다고 엄청 풍족하지도 않았던 어린 시절을 보냈다. 그럼에도 불구하고 나의 이전 세대들은 우리 세대를 보면서 절실함이 없다고 말한다. 그 말이 맞을지도 모른다. 세대 차이란 그런 것이니 말이다. 그리고 그들이 느꼈던 그 감정을 이제는 내가 학교에서 아이들을 보면서 느낀다.

요즘 아이들은 '결핍'이라는 게 있을까 싶을 정도로 누리는 것이 많은 것처럼 보인다. 학교에서도 마찬가지다. 예전에는 학교에서 주관하여 이루어지는 소풍이나 수학여행 같은 것들이 가정에서의 지원 부족으로 인한 아이들의 경험의 폭을 확대하고자 하는 것이 목적이었지만 지금 시대는 그렇지 않다. 코로나 때문에 많이 줄긴 했지만, 요즘은 각 가정에서 자발적으로 아이들에게 교외 체험을 제공하느라 정신이 없다. 국내여행은 물론이고 해외여행도 많이 다니고 유학 경험도 쉽게 하는 것 같다. 가고 싶은 곳, 갖고 싶은 것, 먹고 싶은 것들을 어렵지 않게 누리는 아이들을 보고 있노라면 그들에게서 '절실함' 혹은 '간절함'을 찾기는 쉽지 않아 보인다. 아이들이 쿨해졌다고나 할까? 하지만 나는 아들러가 주장하는 '열등감'이 주는 동력을 지지하는 사람 중의 한 명으로서 적당한 '결핍'이 필요하다는 것에 한 표를 던지고 싶다.

가끔 챙겨보는 '연고티비'라는 유튜브 채널이 있는데, 〈간절함 없이는 되지 않습니다〉라는 썸네일을 보고 영상(영상의 제목은 '독기를 갖고 공부하세요'이다.)을 클릭했다. 때마침 간절함에 대한 소재를 찾고 있었던 터라 영상을 보게 됐는데, 독한 마음을 먹고 열심히 공부하게 된 '계기'에 대해 이야기하는 것이 흥미로웠다. 그들이 공통적으로 말하는 것은 '간절함'이었다. 패널들은 자기 스스로 간절함을 찾아야 한다고 입을 모은다. 영상

속 여학생 한 명은 자기도 공부하는 게 좋아서 했던 것이 아님을 고백하면서 혹여 공부를 제대로 못해서 나중에 하고 싶은 일을 하지 못하는 것이 더 억울할 것 같았다고 말했다. 만약 간절함을 찾기 어렵다면 어떤 대단한 '결과'를 위해서가 아니라 '너 정말 (거기 갈 만큼) 열심히 했지'나 '넌 그럴 자격이 있어'라는 말을 누구에게든 들을 수 있도록 자랑스러운 과정을 스스로 만들어내는 노력을 한번 기울여보라는 말이 인상적이었다. 그들은 노력에서의 '결핍'을 찾았다는 생각이 들었다. 그래서인지 '꿈과 실력의 사이가 멀 수 있지만 꿈과 노력의 거리가 먼 것은 부끄러운 것이다'라는 말을 했던 남학생의 인터뷰가 오래도록 기억에 남는다. 우리는 종종 '노력'을 등한시 하지만 결국 땀 흘린 노력만큼 값진 게 있을까 싶다.

3년 후를 위한 버킷리스트를 만들자

　죽기 전에 꼭 해보고 싶은 일들에 대해 말할 때, '버킷리스트'라는 말을 사용한다. 영어로 'kick the bucket'이라는 말은 죽음을 뜻한다. 교수형이 치러지던 방식에서 유래된 것으로 양동이를 차버린다는 것이 결국 죽음을 의미하게 된 것인데, 영화 〈버킷리스트〉를 통해서 널리 알려지게 됐다. 죽음을 앞둔 두 주인공이 병실에서 만나 죽기 전에 꼭 하고 싶은 일들을 리스트로 만든 뒤 병실을 뛰쳐나가 이것들을 실험한다. 그 영화에 따르면 우리가 인생을 살면서 후회하는 것은 해본 일이 아니라 아직 해보지 않은 일들이다. 그래서 버킷리스트는 후회하지 않을 인생을 살기 위한 목적으로 작성하는 것이 일반적이다.

나는 죽음을 생각하면서 버킷리스트를 거창하게 작성해본 적은 없다. 하지만 나는 쓰면 이루어진다는 이야기를 믿고 있기 때문에 내가 바라는 것들을 중심으로 버킷리스트를 작성하고 있다. 2021년 초에는 최호진 작가가 주최하는 온라인 워크숍에 참석해 버킷리스트 100개를 작성했다. 100개라는 말에 놀랐을지도 모르겠다. 나도 처음에는 너무 많다고 생각했지만, 워크숍을 통해 배운 것은 엄청나고 대단한 것들을 쓰는 게 아니라는 것이었다. 3년 후의 나의 모습을 생각하면서 그것을 이루기 위해 1년간 할 수 있는 일들을 적어보는 것으로 2시간 정도를 할애했다. 하고 나니 일 년에 한 번쯤은 2~3시간 정도를 할애해서 써보는 것이 나쁘지 않을 것 같다는 생각이 들었다.

여기서 핵심은 작성한 리스트 100개를 모두 달성하겠다는 것이 목표가 아니라는 것이다. 중요한 것은 가까운 미래의 내 모습을 상상하며 지금 당장 할 수 있는 일을 찾는다는 것에 있다. 마음속으로 바라는 일들이 단지 허황된 신기루가 아니라 실제로 이룰 수 있는 가능한 꿈으로 만들 수 있다는 것, 그리고 그를 위해 내가 당장 실천할 수 있는 것들을 스스로 찾아보는 것. 그것이 버킷리스트 100개 쓰기의 큰 의미였다. 3년 정도면 너무 먼 미래가 아니다. 지루하고 의미 없을 것 같은 하루하루가 모여서 나의 미래가 만들어진다고 생각하면 가장 중요한 것은 지금 당장 오늘 하루를 어떻게 살 것인지에 대한 계획이 필요하다. 3년 후의 미래를 위해 앞으로 1년간 어떤 일을 하면 좋을지 그리고 그 1년을 보내기 위해 매달 어떤 일들을 하면 좋을지를 생각하다 보면 매일 해야 할 일들이 그려진다. 그러면 100개를 쓰는 일이 그리 어렵지만은 않다.

    나는 배운 것들은 꼭 써 먹어야 하기에 우리 반 아이들과도 버킷리스트 쓰기를 실행했다. 2020년에 만난 아이들과는 〈천사들의 합창〉 공책에 버킷리스트를 써보게 했다. 초등학교를 졸업할 무렵이라 중학교 3학년이 된 모습을 생각하면서 100개 쓰기를 실행했다. 처음 공책에 썼던 것 중에서 혹시 달성한 버킷리스트가 있냐고 물어보니 아이들은 의외로 달성한 것들을 몇 가지씩 이야기했다. 아이들도 이야기하면서 신기해하는 모습을 보니 나 역시 기분이 좋아졌다. 2021년에 만난 아이들과는 여름방학 전에 버킷리스트 쓰기에 도전해봤다. 처음에는 100개를 쓴다고 하니 다들 기겁했지만 구체적으로 쓰는 법을 알려주니 열심히 자기가 원하는 것들을 써 내려가기 시작했다. 꼭 100개는 아니더라도 아이들과 집에서도 버킷리스트 만들기에 도전해보는 것을 권한다. 3년 후의 나를 위해 지금 당장 실천할 수 있는 것들로 말이다. 이런 것들이 무슨 버킷리스트냐고 반문할지도 모르겠다. 어떻게 보면 버킷리스트가 아니라 내가 강조하는 '습관 리스트'에 가까울지도 모른다. 하지만 우리의 미래는 지금 내가 어떤 일을 하느냐에 달라진다는 것을 명심하면 좋겠다. 즉, 습관이 결국 나의 모습이라는 것을 아이들은 알아야 한다. 이렇게 쓰다 보면 사소하게 보이는 것들을 잘 지킨 사람이 원하는 미래를 만들어갈 수 있다는 것을 아이들도 느낄 수 있을 것이다. '신은 디테일 안에 있다'는 말처럼 말이다. 어차피 다른 사람에게 보여주기 위해 적는 것이 아니다. 중요한 것은 자기 수준에 맞춰서 자기가 할 수 있는 것을 적는 것임을 강조하자. 그리고 이렇게 적으면서 친구들과 해보고 싶은 일, 가보고 싶은 곳, 먹어보고 싶은 것들을 적는다면 적어도 50개 정도는 쉽게 쓰는 자신을 발견할 것이다. 이 버킷리스트가 쌓이다 보면 아이 스스로 무엇이든 할 수 있는 용기 있는 실천가가 되어 있을 것이다.

유진쌤의 팁1

버킷리스트 작성 팁

일단 아이들의 3년 뒤의 모습을 떠올려 보게 한다. 구체적인 미래를 설정하는 것은 실체가 뚜렷해지기 때문에 직접적으로 와 닿는 것이 있다. 아이들의 3년 뒤 모습은 중학교 3학년 혹은 고등학생 정도가 될 것이다. 그때의 모습을 상상하게 한다. 그러면 자연스레 자신이 바라는 모습이 그려진다. 성적에 관한 것이든 친구 관계에 관한 것이든 외모에 관한 것이든 자기가 바라는 모습을 상상하면 괜히 기분이 좋아진다. 그렇게 자신이 떠올리는 그 모습을 상상하면서 바라는 것들을 생각나는 대로 쓴다. 여기서 가장 중요한 것은 되고 안 되고의 실현 가능성에 무게를 두지 않는 것이다. 예를 들어 중 3이 됐을 때, 내가 키가 170cm가 되고 싶다는 걸 적었다면 그것이 이루어지고 안 이루어지고를 따지지 않는다. 그게 되겠냐는 야유도 삼간다. 키가 크기 위해 지금 당장 내가 할 수 있는 일들을 적으면 된다. 매일 우유 500ml 이상 마시기, 스쿼트 100개 하기, 밥 골고루 먹기 같은 것들이다. 그 가운데 내가 싫어하는 음식 먹어보기 이런 것을 적어보면 어떨까? 새로운 것에 대한 도전을 자연스럽게 떠올리게 될지도 모른다.

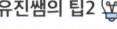

유진쌤의 팁2

온 가족이 함께 만드는 버킷리스트

부모도 아이와 함께 자신의 미래를 위해, 그리고 우리 가족의 미래를 생각하면서 버킷리스트를 적는 시간을 가져보면 좋겠다. 실제로 가족 버킷리스트를 쓰는 사람들이 많았다. 워크숍에서 만난 어떤 사람은 대학생 자녀들과 함께 버킷리스트를 작성하고 있다고 했다. 거실에 큰 화이트보드를 준비해 가족 구성원 각각의 버킷리스트를 공유하고 있었는데, 서로 어떤 것들을 적었는지, 어떤 것들을 달성하고 있는지를 확인하는 과정이 의미 있었다고 했다. 그 얘기를 들으면서 나도 내 아이들이 좀 더 자라면 꼭 해봐야겠다고 다짐했다. (버킷리스트 100개 쓰기와 관련하여 좀 더 자세한 이야기가 궁금하다면 워크숍을 진행한 최호진 작가의 《결국엔, 자기 발견》이라는 책을 읽어보면 좋겠다.)

교육학에 '스캐폴딩'이라는 용어가 있다. 스캐폴딩의 뜻은 발판을 말하는데, 건축공사 때에 높은 곳에서 일할 수 있도록 설치하는 임시 가설물을 말한다. 이것은 교육학에서 근접발달영역이라고 하여 학생들의 수준에 맞는 도움을 주는 것을 뜻한다. 즉, 아이가 한 단계 도약하기 위해 그 아이의 수준에 맞는 발판을 제공하라는 것이다.

이것이 시사하는 바는 크다. 우리는 아이들에게 많은 것들을 주려고 하지만 가장 중요한 것은 그 아이의 수준에 맞춰 한 단계 정도 업그레이드 된 것을 주는 것이 교육적 효과가 높다는 것이다.

이것을 소개하는 이유는 버킷리스트를 쓰면서 아이가 스스로 자기의 수준을 업그레이드시키기 위해 미래와 현재 사이의 간격을 확인하면서 구체적이고 실천 가능한 목표를 세울 수 있기 때문이다. 버킷리스트를 세우고 그것을 수시로 체크해보는 것은 자기가 어떤 계획을 세웠는지를 확인하는데 있어 많은 도움이 된다.

나는 버킷리스트가 거창할 필요는 없다고 생각한다. 아직 어린아이들이 죽음을 생각하면서 비장한 어떤 것을 세우는 것을 바라는 것이 아니다. 그저 근접한 미래의 나의 모습을 그리면서 자신을 돌아보는 것이다. 그리고 실현 가능한 수준을 스스로 자기의 모습을 그려보는 것. 그저 그것에 의미를 두는 것이다.

유진쌤의 팁3

드림 보드 만들기

버킷리스트 쓰기와 관련해서 드림 보드 만들기도 추천한다. 나는 아이들과 드림 보드 만들기를 하는데, 4절 도화지에다 자기가 원하는 것들을 붙이는 것이다. 이를 위해 수업에서 간단한 워크시트를 만들어서 미리 작업을 해두었다. 그리고 아이들로부터 제각각 넣기 바라는 사진들을 메일로 받은 뒤 컬러프린트 해서 나눠주었는데 작업은 간단하다.

도덕 수업과 관련하여 좌우명 쓰기와 스스로 격려하는 말을 쓰게 한 뒤에 이를 4절 도화지 한 가운데에 붙인다. 그리고 이를 중심으로 자기가 원하는 사진들을 빙 둘러서 붙여주면 된다. 아이들마다 제각각이다. 자기가 존경하는 인물 혹은 만나고 싶은 스포츠 스타들을 붙이는 아이들도 있고, 미래에 되고 싶은 직업에 대해 붙이거나 내가 살고 싶은 집, 키우고 싶은 동물들을 붙이기도 한다. 무엇이 되었든 나는 아이들의 이 꿈이 이뤄지리라 믿는다. 그리고 아이들이 만든 드림 보드는 꼭 잘 보이는 데에 붙여두는 것이 중요하다. 자기 방이든 거실 한가운데든 잘 붙여두고 아이들이 자주 볼 수 있게 해주자. 봐야지 인지하게 되고 인지하면 생각하기 마련이다.

이때 버킷리스트에서 적었던 것들을 중심으로 찾으면 더욱 효과적이다. 하지만 반드시 버킷리스트를 적고 드림 보드를 만들 필요는 없다. 두 개 다 해도 되고 둘 중의 하나만 해봐도 충분히 좋을 것 같다. 중요한 것은 자기가 원하는 것들을 직접 쓰고, 눈으로 확인하는 것이니 꼭 한 번 해보기를 추천한다.

사전 작업으로 만든 워크시트
(미리캔버스, 6학년 도덕 3단원 수업 관련)

초등 고학년의 겨울: 우리 아이 긍정 습관 만들기

우리 반 아이들이 만든 드림 보드

아이의 자존감은
후천적으로 만들어진다

'자존감'이라는 말이 유행처럼 번지던 때가 있었다. 나는 이 단어를 알게 되면서 '내가 자존감이 낮은 사람이었다'는 것을 깨달았다. 무엇보다도 내가 아이를 키우는 부모가 되니 자존감이라는 말이 왠지 더 신경 쓰였다. 정보가 너무 많은 시대에 자칫 그 정보들을 잘못 이해하기라도 하면 부모의 역할이 아이의 자존감 형성에 절대적인 영향을 주는 것처럼 해석되기 때문이다. 훌륭한 자식에 훌륭한 부모가 있는 것이 틀린 것은 아니지만, 아이가 어려서부터 갖추어야 할 인성과 능력들을 마치 부모가 자녀교육에 소홀히 한 탓, 혹은 더 사랑해주지 않아서라는 것으로 치부하기엔 문제가 있다는 생각이 들었다.

나는 '건.자.감(건강한 자존감을 위하여)'이라는 독서모임을 꾸준히 하고 있는데, 이 모임을 통해 자존감과 관련된 책들을 많이 읽게 됐다. 《회복탄력성》과 《자존감 수업》을 비롯해 마음 치유와 관련된 명상 책들을 읽고 토론하면서 알게 된 것은 아이의 자존감 형성이 반드시 부모의 영향이 절대적인 것이 아니라는 것이었다. 즉 자존감은 후천적 노력으로 얼마든지 길러질 수 있다는 것이다. 그러니 아이가 나 때문에 자존감이 낮은 것은 아닌지 자책하는 부모가 없기를 바란다. 아이들의 인생은 아이들의 것이다. 아이가 부모에 의해 영향을 받는 것을 무시할 수는 없겠지만 아이들 스스로 얼마든지 자신의 노력으로 바꿔갈 수 있다는 것을 알아두길 바란다.

아이 스스로 자존감을 기를 수 있다는 것의 예로 자신의 삶을 누군가에게 의지하지 않는 태도를 들고 싶다. 오뚝이는 옆에서 아무리 밀어도 다시 일어난다. 나는 오뚝이를 보면서 회복탄력성을 떠올린다. 김주환 작가의 《회복탄력성》은 'resilience' 즉, 좌절 앞에서 다시 일어나는 힘을 말한다. 오뚝이가 스스로 일어나는 힘 말이다. 오뚝이는 누가 일으켜주는 것이 아니라 스스로 일어난다. 나는 아이들이 그런 사람이 되기를 바란다. 누군가 일으켜주기를 기다리지 말고 스스로 일어날 수 있는 사람이 되기를 말이다.

그런 의미에서 무엇인가를 꾸준히 해보는 것은 자존감 형성에 큰 도움이 될 수 있다. 자존감이라는 말을 알게 되면서 지난날, 실패에 좌절하며 자책했던 내 모습들이 떠올랐다. 나는 그때의 모습을 떠올리면 당시의 나는 자존감이 참 낮은 사람이었음을 깨닫는다. 그런데 지금의 나는 좀 달라졌다. 몇 년간 꾸준히 운동을 하면서, 매일 1시간 동안 글을 쓰면서 나는 스스로 많이 단단해졌다는 것을 느낀다. 누가 시켜서 하는 것도 아니고 그 어떤 대단한 결과물이 있는 것은 아니지만 꾸준히 내가 쌓아온 그 기록 자체가 자존감이라는 생각이 든다.

내가 아이들에게 기록에 대해 유난히 강조하는 것도 바로 그 때문이다. 한 권의 책을 다 읽는 것, 꾸준히 습관 공책을 쓰는 것, 꾸준히 천사들의 합창을 쓰는 것, 이 모든 백지장이 다 채워지는 것 그 자체가 꾸준하게 나의 기록을 쌓아가는 것이다. 이런 기록들은 아이 스스로 잘하고 싶은 것, 혹은 잘하고 있는 것들을 알게 해준다. 기록의 힘은 아무리 강조해도 모자라며 그 기록으로는 글쓰기만 한 것이 없다. 가장 단순하게는 일기

쓰기가 바로 그것이다. 이순신 장군과 정조 임금처럼 역사적으로 위대한 인물들이 왜 힘든 상황 속에서 일기를 남겼을까. 그들이 원래부터 위대한 인물이었기 때문도 아니고, 기록을 남겨야겠다는 어떠한 의무나 사명감 때문도 아니었을 것이다. 그저 자신의 이야기를 쓰면서 스스로 위로받았고 자신의 의지를 확고하게 만들어 나갈 수 있었던 것이리라 짐작해볼 뿐이다. 그러니 아이들에게 간단한 것부터 자신의 얘기를 써보게 하는 것이 필요하다. 일기 쓰는 것이 싫다면, 앞에서 얘기한 감사일기라도 써보게 하자. 아이의 자존감을 키우는 것은 그리 멀리 있지 않음을 꼭 새겨두자.

긍정적인 생각은
긍정을 낳는다

 아이들의 자존감과 관계된 것으로 불행에 극복하는 자세에 대해 한번 살펴보자. 자신 앞에 찾아온 시련에 대해 대부분의 사람들은 어떻게 생각할까? 그 시련이 나 때문에 일어난 일이며, 내가 못난 사람이라서 앞으로도 이런 일이 계속될 것이라는 자책에 사로잡혀 있지는 않을까?

 내가 학교에서 가만히 아이들을 지켜보면 실제 이런식으로 자책하는 아이들이 종종 보인다. '왜 친구들은, 선생님은 나한테만 뭐라고 하지'라며 늘 억울한 아이들이 있다. 어떻게 보면 대부분의 아이들이 그럴지도 모른다. 정작 아이들은 자신이 잘못했을 때는 절대 선생님을 찾지 않는다. 늘 내 친구가 나를 먼저 건드렸기 때문에 억울해서 찾아오는 아이만 있을 뿐이다. 대부분의 사람들이 그렇다. 모든 일은 나 때문에 일어난다기보다는 옆 사람 때문에 일어났고, 나는 그로 인해 피해를 입게 된 억울한 사람인 것이다. 그런데 신기하게도 누군가 때문에 일어난 그 억울한 일의 결론은 '왜 나한테만 일어나는가'로 내려지게 된다. 쟤 때문이라고 말하면서 그 탓을 자기에게로 돌려버리는 아이들. 그래서 나는 억울한 아이들이 늘 안타깝다. 일반적으로 그런 아이들은 경험을 쉽게 누적시킨다. 그러다가 결국 안 좋은 일들이 자신에게만 자주 일어났다고 생각하는 일반화의 오류에 빠지게 되는 것이다.

이와 관련하여 김주환 작가의 《회복탄력성》에 낙관적인 사람과 비관적인 사람이 좋은 일과 나쁜 일을 바라보는 차이에 대해 설명하는 부분이 있다. 긍정적인 사람(회복탄력성이 높은 사람)은 좋은 일이 생겼을 때엔 자기 탓이고 앞으로도 그럴 것이고 당연한 일이라고 여기는 반면, 나쁜 일이 생기면 이 일은 일시적인 것이고 나뿐 아니라 다른 사람에게도 일어나는 일이니 걱정할 것 없다고 생각한다. 하지만 부정적인 사람은 좋은 일이 생겼을 때, 그 일은 어쩌다 우연히 일어난 일시적인 것으로 자기 탓이 아니라고 보는 반면 반대로 나쁜 일이 일어나면 이 일은 나 때문에 혹은 나에게만 일어나는 것이며 늘 그래왔다고 생각한다는 것이다.

문제는 학교에서 보면 후자에 속하는 아이들이 많다는 데 있다. 이런 태도는 모범생이라고 하는 아이들에게서도 종종 찾아볼 수 있다. 나 역시 이렇게 생각하는 사람 중의 한 명이었다. 가만히 따지고 보면 전혀 연관성이 없음에도 불구하고 크든 작든 별로 유쾌하지 않은 일들이 발생하면 '왜 나한테만 이런 일이 생기는 걸까?'라며 자책하고 슬퍼했던 것 같다. 나는 회복탄력성이 낮은 부정적인 사람이었던 것이다.

세상의 불행이 모두 나한테만 일어나는 것 같지만 고개를 살짝 들어 둘러보면 그렇지 않다는 것을 알 수 있다. 특히 자신에게 일어난 불행을 극복한 사례는 정말 많다. 《회복탄력성》에서 소개하는 '에이미 멀린스'라는 여성의 테드 강연을 보고 있노라면 그녀가 무릎아래 정강이가 없이 태어난 선천적 장애인이라는 것을 믿기 어렵다. 그녀는 달리기 선수이며 배우이기도 하고 한 회사의 CEO이기도 하다. 우리가 잘 알고 있는 '스티븐 호킹'도 마찬가지다. 미래가 창창한 20세에 루게릭병 진단을 받고 3년을 살기 어렵다는 선고를 받았다. 이후 두려움과 절망 속에서 살아가던 어느 날, 그는 거울을 보며 '그만하자'라는 말과 함께 새로운 삶에 대한 의지를 다졌다고 한다. 나는 이 글을 읽으면서 한 사람의 삶은 오직 자기 자신만이 선택할 수 있다는 말을 다시 새기게 됐다.

법륜 스님이 "달리다가 넘어졌을 때, '왜 나만 넘어졌을까?' 고민하지 말고, 그저 다시 일어나서 달려라"라고 말씀하지 않으셨던가. 우리는 늘 '왜'를 고민하지만 이미 넘어진 것을 돌이킬 수는 없다. 왜 넘어졌는지를 수백 번 고민한다고 해서 넘어지기 전으로 돌아갈 수는 없는 것이다. 상황에 절망하며 슬퍼하기보다는 지금 무엇을 해야 할 것인지 결정하고 다시 시작해야 한다. 이제 불평은 하지 않기로 한 스티븐 호킹처럼 말이다.

수능에 실패하고 임용고시에 실패하면서 부정적인 생각에 사로잡혔 던 때가 있었다. 나 혼자만 시험에 떨어졌다고 생각했고, 그것은 나에게 닥친 심각한 불행이며, 왜 나한테만 이런 일이 일어날까를 원망했다. 그러나 지금 생각하면 바보 같았다는 생각이 든다.

나는 아이들이 부디 그러지 않기를 바란다. 나에게만 찾아오는 것 같은 안 좋은 일들, 부정적 상황들을 자기 탓이라고 여기지 말고, 그런 상황에서 슬퍼하고 우울해하고 있다고 해서 해결되는 것은 절대로 없다는 것을 말이다. '아무 일도 하지 않으면 아무 일도 일어나지 않는다'는 것을 스스로 깨달아야 한다. 달리기를 하다가 넘어졌을 때, 펑펑 운다고 해서 신이 나를 결승지점에 데려다 주는 것이 아니라는 사실을 말이다.

그리고 자신에게 찾아오는 행운, 좋은 일들에 대해서 뿌듯해하고 기특하게 여기기를 바란다. 가끔 누군가의 칭찬을 과분하다 여기는 아이들이 있다. 자신은 전혀 칭찬 받을만 하지 못한데, 과분한 칭찬을 받는 것이라 여기는 것이다. 하지만 그렇지 않다. 누군가가 해주는 칭찬을 당연하다 여길 일은 아니지만 그렇다고 그것을 말이 안 되는 것으로 여기는 태도도 문제가 있다. 내가 열심히 했기 때문에 받는 것이라 생각하고 스스로 잘했다고 뿌듯해하면 좋겠다. 그리고 때론 누군가 알아주지 않더라도 실망하지 말고, 스스로 셀프 칭찬도 할 수 있는 그런 사람이 되면 좋겠다.

인간은 망각의 동물이기 때문에 좋은 일이든 안 좋은 일이든 잊어버리기 마련이다. 그렇기 때문에 우리는 긴긴 인생을 살아갈 수 있는 것이 아닐까? 좋은 일이든 나쁜 일이든 과거에 매달리지 말고, 지금 이 순간 일어나는 일들에만 충실하여, 앞으로 어떻게 해 나가야 할 것인지에 대해서 생각하는 아이들이 되기를 바란다. '현재'가 영어로 'present'다. 선물과도 같은 오늘, 지금 이 순간 부모도 아이도 파이팅을 외치며 힘을 내보면 좋겠다.

유진쌤의 추천 책!

지지 않는 하루
이화열 지음 | 앤의서재 | 2021

나는 이 책을 읽으면서 작가는 참 단단한 사람이라고 생각했다. 책의 한 에피소드에 작가가 유방암에 걸린 시누이를 만난 장면을 소개하는데, 시누이는 '모베즈 에투왈(나쁜 별, 운이 없다는 뜻)'이 늘 자기를 따라다닌다며 한탄을 한다. 그리고 시누이의 한탄을 들으며 역시나 암에 걸린 작가가 덧붙이는 말이 있다.

"나는 살면서 특별히 운이 없다고 생각해본 적이 없다. 지금 이 순간도 다르지 않다. 행복과 불행은 오직 자신에게 달려 있고, 죽음이라 할지라도 삶에 대한 책임은 온전히 자신만의 것으로 생각한다."(《지지 않는 하루》, p62) 자존감이 높은 사람이란 바로 이런 사람일 것이다. 나도 그리고 우리 아이들도 이런 사람으로 자라면 좋겠다. 이 책은 부모님이 읽기를 추천한다.

초등 고학년의 겨울: 우리 아이 긍정 습관 만들기

아이들과 공감은
어렵다

　아이를 키우면서 알게 된 사실은, 그들은 호기심이 넘친다는 것이다. 부모가 그 궁금증을 당장 해결해주지 않으면 아이들은 자신이 서둘러서 궁금증을 해소할 수 있는 일을 직접 해보면서 (가령, 뭐든지 입으로 들어가는 시기, 온 서랍을 다 뒤지면서 안에 있는 내용물을 다 열어보는 시기 등) 조금씩 성장한다. 지금도 내 아이들은 여전히 나에게 이것저것을 물어댄다. 내가 무엇인가를 하느라 대답이 늦춰지게 되면 옆에 달라붙어 징징거리며 자기가 원하는 것을 받아내고야 만다. 그런 아이들이 초등학교 고학년 사춘기가 되면서부터 엄마에게 혹은 아빠에게 궁금증을 물어보는 일이 급격하게 줄어든다. 심지어 부모가 물어보는 것도 대답하기를 꺼려하는 지경에까지 이르게 된다.

왜 이럴까? 그렇게 부모를 못살게 굴면서 징징대던 아이들이 왜 한순간 돌변하는 것일까? 가만히 생각해보면 한순간이 아닐지도 모른다. 아이들은 누적된 경험을 통해서 부모에게 혹은 선생님에게 묻기보다는 친구에게 묻기를 선택한다. 언젠가부터 부모는 내 이야기를 들어주는 사람이기보다는 자기의 이야기를 늘어놓으면서 결국 '이래라저래라' 하는 꼰대가 되어간다는 것을 어른들은 깨닫지 못하기 때문이다.

'라떼는 말이야', '꼰대' 같은 말들은 세대가 급변하는 시기에 젊은 세대와 기성세대 간의 간극을 보여주는 단적인 예이다. 나 역시 할머니 할아버지들처럼 '마음은 그대로인데 나이만 들어가는 것' 같은 아이러니한 내 모습에 한탄하지만 학교에서 90년대생들을 보노라면 '꼰대'라는 말이 어울릴지도 모르는 어른이 되었다는 것을 깨닫곤 한다. 나와 불과 10여 년 차이도 나지 않는 그들과도 이렇게 세대 차이가 느껴지는데, 하물며 20~30년 이상 차이가 나는 우리 아이들과 공감한다는 것 자체가 과연 가능하기나 한 것인지. 한 번씩 이를 떠올리면 간담이 서늘해진다. 명상가인 타라 브랙 작가의 책《자기 돌봄》을 읽고서 내가 마음에 다지고 있는 문장 하나는 '너의 생각을 믿지 마라'는 가르침이다. 나는 한 번씩 그 문장을 떠올리며 내 생각에 대한 의심을 계속한다. 물론 쉽지만은 않다.

아이들의 눈에 비치는 어른들의 모습은 아마 우리 어른들이 생각하는 것과는 아주 다를지 모른다. 나는 아동 문학 혹은 청소년 문학을 많이 읽었다고 자부하며 아이들의 입장에 대해 잘 알고 이해한다고 생각하지만, 매 순간 그것이 나의 자만이며 착각이라는 생각이 든다. 얼마 전 20대 대학생들이 썸타는 내용의 드라마를 잠깐 보게 되었는데 예전과 달리 남자 주인공의 판타지적인 요소들이 설렌다기보다는 '저게 먹히나?' 싶은 현실적인 감각으로 공감되지 않음에 내가 진짜 나이가 들어간다는 것을 실감했다. 그래서 나는 나를 인정하기로 했다. 나는 어쩔 수 없는 1980년대에 태어난 세대로 이제는 기성세대라고 할 수 있는 문턱을 넘어서고 있음을 말이다. 더 이상 푸릇푸릇한 20대의 선생님이 아닌, 누가 봐도 아줌마라고 부를 법한 나이가 되어가고 있다는 것을 말이다.

경험자의 말에
귀 기울이자

    코로나가 터지기 전, 롯데월드를 간 적이 있다. 유튜브를 시작한지 얼마 되지 않았던 시기로, 왜 이렇게 구독자 수가 늘지 않을까를 고민하던 무렵이다. 그런데 그곳에서 짧디 짧은 게다가 엄청 타이트한 교복을 입고 진한 화장을 하고 돌아다니는 중·고등학생들을 보게 되었다. 그 아이들을 물끄러미 바라보면서 '저 아이들은 내 영상을 절대로 보지 않겠구나' 하는 현타(?)를 맞았다. 내가 하는 이야기들이 얼마나 꼰대처럼 들릴까? 그래서 잠깐이나마 유튜브를 접어야 하나 고민한 적이 있었다. 유튜브와는 별개로 내가 하는 모든 이야기들이 아이들에게 잔소리로 들린다는 것을 깨닫게 된 사건이었다.

아이들 눈에 어른들은 자신들이 알아듣지 못할 이야기로, 혹은 자신에게는 전혀 중요하지 않은 이야기를 하면서 살아가는 선혀 공감할 수 없는 외계인과 같은 존재로 비춰질 것이다. 그래서 그들은 도움이 필요할 때 어른들에게 손을 내밀기보다 나와 마음이 맞고 내 이야기에 공감해주는 친구를 찾는 것이 당연한 것일지도 모른다. 하지만 자기의 판단만으로 혹은 친구의 조언만으로 무엇인가를 결정하는 것은 위험한 태도라는 것을 아이들이 분명 알아야 한다.

그래서 나는 아이들과 살갑게 친해지지는 못해도 늘 무엇인가를 이야기할 수 있도록 다양한 창구를 마련한다. 〈천사들의 합창〉 글쓰기가 그것이고, 익명으로 고민거리를 적을 수 있게 만든 게시판이 그렇다. 그리고 그에 늘 당부하는 것은 어려운 상황이나 고민스러운 상황이 주어졌을 때, 친구에게만 말하지 않기를 부탁한다. 어른들에게 물어보는 것이 때론 손쉽게 해결될 수도 있음을 말이다.

특히 '해본 사람'의 말에 귀를 기울이는 것은 중요하다. 여기서 해본 사람은 꼭 어른이 아니라 먼저 경험한 사람을 일컫는다. 그래서 나는 뭐라도 직접 해보려고 한다. 내가 직접 해보고 아이들에게 해주는 조언들은 아이들이 그래도 믿을 만하다면서 수긍하기 때문이다. 내가 책을 읽어보니 그 유익함을 너무도 잘 알게 됐고, 유튜브를 하다 보니 편집 기술을 비롯한 다양한 기술을 배운다. 달려보니 운동의 중요성을 깨달아 더욱 잔소리를 하게 되고, 블로그며, 글쓰기를 해보니 기록의 중요성을 실감하여 더욱 강조하게 되는 것이다.

탁경은 작가의 소설 《싸이퍼》에서 랩퍼를 꿈꾸는 '정혁'이를 말리는 주변 어른들의 모습을 보면서 '해본 사람'의 말을 듣는 것이 얼마나 중요한 것인지를 다시금 깨달았다. 그들은 하나같이 이야기한다. '그런 건 아무나 하는 게 아니야' 그런데 그들은 해보지 않은 자들이다. 빈 수레가 요란하다는 말처럼 안 해본 자들의 말은 참으로 그럴싸하다. 핑계 없는 무덤 없다고 자기가 하지 않은 혹은 하지 않을 이유에 대해서 빠삭하게 외고 있다. 그들의 레퍼토리는 한결같다. '내가 어디서 들었는데, 내가 한 번 찾아 봤는데, 그거 별로더라' 자기가 직접 해본 적이 없으니 '그냥 한 번 해보라'고 말하기가 쉽지 않은 것이다.

그래서 나는 아이들에게 이야기한다. 질문의 상대를 잘 찾으라고. 친구들에게 고민거리를 이야기하고 상담하는 것은 나쁘지 않지만 그들 역시 나와 경험치가 비슷하기 때문에 적절한 혹은 유익한 답변을 얻기에는 한계가 있다. 그래서 가급적 어른들에게 질문을 할 줄 알아야 한다고 말한다. 그래도 나보다는 경험이 있는 사람들이니 말이다. 그리고 그 가운데 좀 더 구체적으로 해본 사람의 말에 귀를 기울이라고 말한다. 직접 해본 사람들은 누구보다 그 일에 대해 잘 알고 있고, 그들은 되든 안 되든 일단 한 번 해보는 게 낫지 않겠냐고 말할 것이다. 내가 그렇듯 말이다.

내가 끊임없이 말한 덕분인지 '타투이스트'를 꿈꾸는 우리 반 여학생 한 명이 유명한 타투이스트에게 인스타그램으로 DM을 보내서 답변을 받았다는 이야기를 들었다. 앞으로 어떻게 될지는 모르지만 그 아이는 직접 답변을 들은 것에 만족했다. 부모님은 의사가 되기를 바라는데, 자신은 타투이스트에 관심이 있어서 고민하고 있었다. 아이는 그 답변을 받은 후 아빠의 기대를 저버릴 수는 없기에 공부도 열심히 할 것이라고 했다. 그러면서 의사가 되어서 타투를 해주는 사람이 되고 싶다고 말하는 모습이 참 대견하다고 여겨졌다.

유진쌤의 팁

아이에게 멘토링 맺어주기

앞서(3교시) 소개했던 탁경은 작가의 소설 《러닝 하이》를 읽으면서 나보다 좀 더 앞선 자(멘토)의 역할에 대해 다시 생각하게 됐다. 그 책에는 4명의 인물이 등장하는데, 그들은 모두 동갑이 아니다. 중학생, 고등학생 그리고 취업 준비생들. 그들은 누군가의 멘티이자 멘토가 되어준다. 나는 그들이 부러웠다. 나는 자라면서 늘 언니가 있었으면 좋겠다는 생각을 가졌는데 정작 나는 그런 선배를 찾을 시도조차 하지 않았다고 생각하니 조금 아쉽다는 후회를 한다. 물론 다행히 지금은 그런 선배들이 있다. 그러니 우리 아이들이 해본 자의 말에 귀를 기울여볼 수 있도록 도와주자. 내가 잘 모른다면 잘 아는 누군가를 직접 대면시켜주는 방법도 좋다. 아이들에게는 대학생 멘토링도 좋다.

2

초등 고학년의 겨울 방학

미래를 위한
준비하기

세상을 살아가는 일은 생각보다 쉽지 않다. 더욱이 급변하는 세상 속에서 아이들이 접하고 또 적응하며 살아야 할 세상은 어쩌면 기성세대가 겪어 왔던 것보다 훨씬 더 치열하고 가차 없을지 모를 일이다. 그런 우리 아이들에게 필요한 미덕은 과연 무엇일까? 학창 시절은 사회로 나가기 이전에 자기만의 무기를 장착하는 시간이다. 그런 무기를 갖추기 위해서는 무엇이 되었든 간엔 일정 시간의 노력을 투자하는 시간이 필요하다. 그런데 열심히 노력하는 자에게 미련하다는 수식어를 붙이며 노력에 대해 하찮게 여기는 아이들이 있다. 하지만 세상에 노력만큼 값진 것은 없고 어쩌면 우리가 할 수 있는 전부는 노력밖에 없을지도 모른다. 이 챕터에서 풀어내는 이야기를 통해 꾸준히 하는 것과 노력의 가치에 대해 한 번 더 되새겨보자. 성실함이 모든 것의 근본이 되는 것임을 잊지 말아야 할 것이다.

재능보다 중요한 것은 노력이다

언젠가 지인들과 달리기를 하다가 6학년 자녀를 둔 분과 대화를 나누었다. 요 근래 아들이 너무 갑자기 자라 이제 아이가 아닌 것 같아 좀 징그럽다며 나는 어떠냐고 물었다. 물론 나도 나보다 키 큰 6학년 아이들이 부담스러울 때가 있다. 간혹 아이들이 내 옆에 너무 가까이 다가서면 '한 걸음 뒤로 가세요'라고 말하곤 하지만 사실 내 눈에는 '참 귀엽다'는 게 솔직한 마음이다. 아마 선생님들은 이런 마음에 공감할 것이다.

아이들은 참 귀엽다. 특히 무엇인가를 잘하려고 애쓰는 모습을 볼 때면 참 기특하고 예쁘다. 잘하고 못하고는 중요하지 않다. 어떤 과제를 수행할 때 잘하기 위해서 열심히 애쓰는 모습 그 자체가 참 예뻐 보인다. 하지만 아이들은 '노력'과 '성실'의 중요성을 간과한다. 노력하지 않아도 원래부터 잘하는 것에 대해 긍정적으로 생각하며 노력해서 잘하는 것에 대해서는 대단치 않은 것으로 여긴다. 학창 시절에 꼭 그런 아이들이 있었다. 학교에서는 공부를 안 하는 것처럼 보이는데 성적은 잘 나오는 아이들. 실제로 게중에는 요령이 좋은 아이들도 있겠지만 나의 경험으로 미루어 그런 아이들은 대부분 보이지 않는 곳에서 노력하는 유형일 가능성이 높다.

나 역시 뭐든지 잘하는 것 같은 친구들이 늘 부러웠다. 뭐가 설렁설렁 하는 것 같은데 잘하는 것처럼 보이는 친구들. 그런 아이들은 뭔가 있어 보였고 그들처럼 되고 싶었다. 하지만 내가 해보니 알겠다. 그들의 숨겨진 노력을 말이다.

1만 시간의 법칙

1만 시간의 법칙에 대해서는 한 번쯤 들어보았을 것이다. 학교에서 만나는 아이들 대부분이 바라는 것은 비슷하다. 누구나 잘하고 싶어 한다. 못하고 싶다고 생각하는 친구는 없다. 하지만 그들은 은연중에 반 친구들의 능력을 서열화하고 있다. 재는 원래 잘하니까, 나는 저 아이처럼 머리가 안 좋으니까. 이런 생각을 하면서 자기의 가능성에 점점 가두리를 친다. 아이들은 재능이 뛰어난 친구들을 부러워한다. 노력하지 않아도 원래 잘하는 것 같은 친구들을 보면서 그저 나랑은 다르다고 생각한다. 그들이 재능보다 더 많은 노력을 하고 있다는 것은 모르고서 말이다.

지금도 생각나는 드라마가 있다. 〈카이스트〉라는 드라마에서 '모차르트와 살리에르'라는 제목으로 그려진 에피소드가 그것이다. 간략히 소개하면, 주인공은 재능파, 그의 친구는 노력파로 둘의 관계는 마치 모차르트와 살리에르처럼 그려진다. 살리에르 역의 친구는 주인공의 명석함을 늘 부러워하면서 알게 모르게 열등감을 갖고 있다. 그러던 어느 날, 한 강의에서 교수님이 어려운 문제 하나를 제시하고 다음 시간, 주인공이 아무도 풀지 못한 그 문제를 풀어내면서 친구의 열등감은 최고조에 이르게 된다.

아주 오래전에 본 드라마임에도 불구하고 나는 아직도 그 장면이 기억이 난다. 문제를 풀어낸 주인공의 자신에 찬 얼굴과 친구의 허탈한 표정. 친구는 주인공이 머리가 좋아서 그 문제까지 척척 풀어낸 것이라 여기며 그 정도로 뛰어나지 못한 자신을 자책한다. 하지만 에피소드의 끝자락에서 소개하는 것은 그 주인공의 보이지 않았던 노력이었다. 그는 문제를 보자마자 그것을 풀기 위해 매달린다. 밤을 홀딱 새면서 말이다. 그런데 그 밤샘 노력을 다른 친구들은 전혀 모른다. 그저 그가 머리가 좋은 천재이기 때문에 풀어냈다고 결론짓는 것이다. 살리에르 역의 친구가 생각한 것처럼 말이다.

'모차르트'는 신동이라 일컬어지지만 실제로 그에 관한 이야기를 조금만 찾아보면 그는 아버지에 의해 길러진 엄청난 '노력파'임을 알 수 있다. 하지만 살리에르는 모차르트의 숨겨진 노력을 모른다. 우리 모두가 그럴지도 모른다. 대부분 잘하는 사람들의 결과만을 보며 부러워할 뿐 그 뒤에 숨겨진 피나는 노력에 대해서는 크게 생각하지 않는다. 하지만 훌륭한 결과 뒤에는 반드시 그에 상응하는 노력이 있음을 나는 절대적으로 믿게 됐다.

드라마 〈카이스트〉의 에피소드 만큼이나 '장한나'라는 유명한 첼리스트의 다큐멘터리의 한 장면이 지금도 생생하다. 12세에 첼로 신동이라 불리며 세계의 거장들의 러브콜을 받던 장한나는 그야말로 당시의 신드롬이였다. 하지만 다큐멘터리 속 그녀는 세상의 주목에 별일 아니라는 듯이 무덤덤한 모습이었다. '엄청난 재능'을 가졌다는 기자의 인터뷰 질문에 그저 매일 꾸준히 연습하는 것만이 전부라고 말하며 씩 웃던 그녀. 그리고 자신은 천재가 아니라 그저 매일 3~4시간씩 첼로 연습을 할 뿐이라고 하면서 누구나 매일 그렇게 연습하면 자기처럼 될 수 있다는 말을 남긴다. 나 역시 그 인터뷰를 보면서 말도 안 된다고 생각했고, 엄청난 재능을 타고난 자의 여유라고 치부했다.

노력이 주는
가치를 느끼게 하자

　이준권, 정지훈 작가의 《우리 아이 첫 음악 수업》이라는 책에서는 영국의 음악 레슨 등급 시스템을 소개한다. 그곳에는 1~8등급의 시스템이 있는데, 최고 수준인 8등급이 되면 개인 연주회를 열 수 있는 자격이 주어진다고 한다. 여기서 중요한 것은 '연습 총량의 법칙'이다. 초반 1~3등급 수준의 승급까지는 개인의 재능과 선행 정도에 따라서 속도의 차이가 있다고 한다. 하지만 점차 등급이 올라갈수록 통과하기 위해 들이는 연습 시간의 총량은 재능과 선행과 관계없이 누구나 결국 비슷해진다. 즉, 어떤 학생도 초보자에서 8등급이 되기 위해서는 평균적으로 3,000시간 이상을 연습해야 한다는 것이다. '3,000시간'은 하루 24시간을 꼬박 다 할애하면 125일이 나오는 시간이다. 만약 하루에 3시간씩 연습한다고 해도 1,000일, 즉 3년 이상의 시간이 걸린다. 이는 다시 말해 3년 동안 매일 3시간씩 연주한다면 누구나 개인 연주회를 할 만큼의 실력을 갖출 수 있게 된다는 뜻이다. 나는 비로소 장한나의 인터뷰 기사를 이해하게 되었다. 그녀처럼 매일 3~4시간씩 오랜 시간을 꾸준히 투자하면 절대 불가능한 일은 아니라는 것을 진심으로 깨닫게 됐다. 하지만 이는 말처럼 쉬운 일이 아니다.

열심히 노력하는 누군가를 보며 '미련하다' 생각할지도 모른다. 하지만 노력과 성실은 배반하지 않는다. 고도의 집중력을 잠깐 발휘하는 것보다 꾸준히 오랜 시간을 투자하는 것이 훨씬 가치 있는 것임을 내가 꾸준히 해보니 알 것 같다. '끈기'와 '노력'이 주는 성과가 그 무엇보다 달콤한 것임을 말이다. 박지성 선수를 보면서 노력도 재능이라는 것을 알게 됐고, 자기의 일상은 연습이 전부일 뿐 전혀 특별할 것이 없다고 말하는 강수진 발레리나의 말과, 진정한 노력은 배신하지 않는다는 이승엽 선수의 말도 진심으로 이해하게 되었다. 그들이 이뤄낸 결과보다 더 빛나는 것은 지난한 과정을 이겨낸 그들의 꾸준함이다. 요령이 아닌 미련해 보이는 노력이 주는 가치를 나는 믿는다. 우리 아이들도 그 가치를 알기를 바란다. 하지만 인생의 모든 순간에 피나는 노력을 해야 한다는 것이 아니다. 김연아 선수가 최고의 턴을 위해서 수천만 번의 턴 연습을 했지만 지금도 그러한 연습을 하는 것은 아닌 것처럼 말이다. 단지 무엇인가를 위해서 한 번쯤은 피나는 노력을 할 필요가 있다는 것을 알아야 한다.

우리는 베짱이의 삶을 잘못된 것이라 가르치지만 개미로 살아가는 인생이 과연 올바른 삶일까? 평생을 그렇게 사는 것이 아니다. 단지 베짱이의 삶을 위해서 개미같이 열심히 일하는 순간이 필요하다는 것을 아이들이 알면 좋겠다. 그리고 지금의 학창 시절이 인생에서 노력해야 할 순간이라는 것도 말이다. 사람은 살면서 자기가 살아온 대로 살아가려고 하기 때문에 인생의 어떤 시기에 결정적인 위기가 닥치지 않는 이상 자신이 살아온 궤도를 바꾸기는 쉽지 않다. 그러니 모두 함께 공부하는 이 시기에 공부든 운동이든 악기든 자신을 위해 투자하는 시간을 가져보면 좋겠다. 결국 혼자의 힘으로 살아가야 할 것이 아닌가. 무쇠의 뿔처럼 홀로 가기 위해 우리는 이 시간을 나에게 투자해야 한다.

처음부터
잘하는 사람은 없다

　아이들의 성향이나 성격은 각양각색이지만 고학년 정도 되면 어떤 일을 도전하는 데에 있어 두 부류로 나뉘는 걸 알 수 있다. 첫 번째는 어떤 일을 할 때 되든 안 되든 일단 도전해보겠다는 아이들이고 두 번째는 아예 시도조차 하지 않는 아이들이다. '어차피 해도 안 되는 걸,' 혹은 '뭐 하러 저런 걸 해? 득 될 것도 없는데'라는 식인 것 같다. 가장 큰 사례로 매학기마다 치러지는 임원 선거를 들 수 있다. 저학년 때에는 너도 나도 하겠다고 손을 들던 임원 선거는 학년이 올라갈수록 그 인기가 시들해진다. 아마 학교에서 5년이라는 시간을 거치면서 동급생들에 대해 이미 파악했기 때문일지 모른다. 회장이 될 아이, 그리고 안 될 아이를 말이다.

앞서 언급했듯 아이들은 자신의 능력에 가두리를 치고, 주변 아이들의 능력치 역시 서열화한다. 특히 쉽사리 도전하지 않는 친구들은 실패를 두려워하기 때문에 자기가 잘할 수 있는 것, 이길 수 있는 게임에만 참여하려고 한다. 잘못된 건 아니다. 왜냐하면 실패할 확률이 떨어지니 말이다. 심리학자 애트킨슨의 성취동기이론은 이를 뒷받침한다. 그는 사람을 움직이게 하는 것은 성공하고자 하는 희망과 실패를 피하고자 하는 두려움에 의해 좌우된다고 말한다. 이를 '성공추구동기'와 '실패회피동기'라고 말하는데 성공추구동기가 실패회피동기보다 높은 아이들은 적정수준의 과제를 잘 선택하여 성공 경험을 높이는 반면, 실패회피동기가 높은 아이들은 매우 쉽거나 반대로 아주 어려운 과제에 도전하여 자신의 실패를 최소화하거나 아니면 실패에 대한 장치(성공하기엔 너무 어려워)를 미리 마련해 둔다. 나는 개인적으로 실패회피동기보다는 성공추구동기가 필요하다고 생각한다. 실패하지 않기 위해서 아무것도 하지 않는 것이 누적된다면 앞으로 경험해볼 수 있는 폭의 크기가 점점 줄어들 수밖에 없기 때문이다.

세상에 아무리 돈이 많은 부자도 시간을 되돌릴 수는 없고, 다시 젊었던 시절로 돌아갈 수는 없다. 그만큼 젊음이라는 시간은 누구나 가질 수 있지만 무한정 가질 수 없다는 모순이 있다. 그렇다면 사람들은 왜 '청춘'의 시간을 그리도 그리워하고 그때가 좋았다고 푸념을 하는 것일까? 그건 바로 그때가 실패해도 괜찮을 시기이기 때문이다.

한번 생각해보자. 사람이라면 누구나 태어나서 걸어다니기까지 보통 1년이라는 시간이 걸린다. 그 1년 동안 얼마나 많은 시도와 실패를 할까? 갓난아기가 뒤집기를 시작하고 무릎으로 기다가 마침내 두 발로 걷기까지 무수한 시도를 하고 그 가운데 수많은 실패를 한다. 하지만 그런 시도와 실패가 있었기에 마침내 두 발로 당당히 걸을 수 있고 달릴 수 있는 경험을 할 수 있는 것이다. '그건 누구나 하는 거 아니에요?'라고 반문할지도 모르겠다. 그런데 생각해보면 우리가 아이들에게 바라는 것들도 그런 것이다. 아이들에게 '산을 옮기라'는 터무니없는 것들을 기대하는 것은 아니기 때문이다. 나는 아이들이 조금만 용기를 내면 누구나 할 수 있는 것들을 회피하지 않을 수 있다고 생각한다. 대단한 결과물을 내라는 것이 아니라, 자기의 수준에서 할 수 있는 것들을 피하지 않는 것, 그것이 바로 내가 아이들에게 기대하는 것들이다.

뭐든지 시도하는 아이들은 그렇지 않은 아이들보다 좌절할 때도 많고, 실패 경험이 더 많을지도 모른다. 왜냐하면 사람이 뭐든지 다 잘할 수는 없기 때문이다. 하지만 시도조차 하지 않는 아이들에 비해서는 많은 경험을 쌓을 수 있는 것은 확실하다.

모든 것이 그렇다. 두 발 자전거를 못 타는 아이가 있다. 그 아이에게는 두 발 자전거라는 것이 아마 거대한 산처럼 느껴질 것이다. 하지만 잘 타는 아이에겐 식은 죽 먹기일것이며, 경험한 실패는 이미 잊었을 것이다. 아이는 자기가 배울 때 이야기는 잘하지 않는다. 마치 처음부터 잘 탔던 것마냥. 잘 못 타는 아이에게 잘 타는 아이는 마치 신처럼 보일지도 모른다. '쟤는 원래부터 잘 타나보다' 하고 말이다. 하지만 처음부터 잘할 수는 없고, 원래부터 잘하는 건 없다. 그냥 한 번 해볼 뿐이다. 그렇게 시도해봐야 탈 수 있을지 못 탈지가 결정이 된다. 하지만 시도조차 하지 않는다면 평생 두 발 자전거를 못 타는 걸로 끝날지도 모른다.

할 수 있는 일부터 시작하자

　한 번은 우리 반 아이들에게 랩을 해보자고 제안했다. 아이들은 난리가 났다. 랩이라니? 다들 이런저런 항의를 하면서 안 한다고 난리였다. 그때 내가 한 말은 바로 '거지처럼 시작해'였다. 아이들은 내가 랩을 하자고 한 순간부터 이미 TV에서 멋진 랩을 하는 래퍼들을 떠올렸을 것이다. 하지만 내가 의도했던 건 그냥 경험해보는 것이었다. 《싸이퍼》를 읽고 나는 아이들과 꼭 이 활동을 해보고 싶었다. 왜냐면 그 책을 통해 나는 아이들이 할 말은 하는 사람이 되었으면 하는 바람이 생겼기 때문이다. 래퍼들은 자기가 하고픈 말을 랩으로 하는 사람들이다. 내가 의도했던 건 아이들이 자기 할 말을 제대로 하고 살면 좋겠다는 의미에서 간단하게 가사를 써보고 그것을 자기 말로 표현해보는 것이었다.

먼저 주제를 정하고 내가 하고 싶은 말에 대해 써보라고 했다. 물론 너무 어렵다는 아이들은 자기가 좋아하는 곡 하나를 골라서 가사만 바꿔보라고 했다. 비트는 유튜버 달지쌤(랩하는 선생님)과 작업을 한 적이 있는 TUT서진혁 선생님으로부터 2~3개 정도를 받을 수 있었다. 2020년 연말부터 전면 원격으로 바뀌면서 처음에 기획했던 랩 발표회는 하지 못했지만 아이들의 랩 실력은 기대 이상이었다. 각자 집에서 휴대폰으로 녹음한 것을 보내라고 해서 들어보았는데, 대부분의 아이들이 비트에 맞춰서 그럴듯하게 해내고 있었다. 물론 스트레스 받았다는 아이들도 있었다. 하지만 아이들은 그래도 해냈다는 것, 잘하든 못하든 상관없이 자기들이 랩을 한번 해봤다는 것에 만족하는 것 같았다. 내가 의도한 것은 바로 그것이다. 그냥 한번 해보는 것.

어떤 것을 하면서 대단한 의미를 찾을 필요는 없다. 내가 100여 킬로미터에 달하는 산티아고 순례길을 걸으면서 깨달은 것은 바로 그것이다. 특별한 의미를 찾기 위해서 어떤 일을 하는 것이 아니라 단지 그 일을 한 번 해보는 것 자체가 바로 큰 의미라는 것을 말이다. 에린 엔트라다 켈리 작가의 《안녕, 우주》라는 책에서도 말한다. 주인공 바질이 우물에 빠져서 탈출하려고 여러 번 시도하다가 포기하려는 순간, 어디선가 어서 소리를 지르라고 충고하는 소리가 들린다. 하지만 바질은 '그게 다 무슨 소용이야?'라는 말을 내뱉을 뿐이다. 그때 그 소리는 답한다. 사람이 살면서 수많은 질문을 하지만 '그게 무슨 소용이야'라는 말은 절대로 하지 말라고, 그건 세상에서 가장 나쁜 질문이라고. 그렇다. 의미를 찾는 것만큼이나 무용한 것은 없을지도 모른다. 세상은 의미를 찾기 위한 곳이 아니다. 그저 내게 주어진 할 일이 무엇인지 인지하고 좀 더 나아가기 위해 끊임없이 발걸음을 내딛는 것이다. 지금 이 순간 아이가 할 수 있는 일을 찾아서 하는 것만이 전부임을 알게 해주자.

그래서 나는 아이들에게 그냥 한 번 해보라는 말을 자주 하는 편이다. 광고 수업이든 랩 수업이든 아이들은 뭔가를 하라고 하면 잘해야 한다는 압박 때문에 하기 싫어한다. 나도 늘 그랬던 것 같다. 그래서 나는 잘하는 사람과 못하는 사람은 정해져 있어, 나는 못한다고, 그러면서 잘하는 사람들을 부러워만 했다. 하지만 내가 해보니 잘하고 못하고는 중요하지 않았다.

그저 하는 사람이 잘하게 되는 것이었다. 그래서 내가 얻은 결론은 세상에는 잘하는 사람 못하는 사람이 있는 것이 아니라 그저 하는 사람과 안 하는 사람이 있을 뿐이라는 사실이다.

나에게는 성공과 실패가 중요한 게 아니라 그저 '하는' 사람이 되는 것이 중요하다. 물론 그 가치를 아이들도 알아야 한다. 실패는 시도한 자만이 가질 수 있는 특권이다. 시도하지 않는 자는 실패를 경험할 수 없다. 부모로서 우리는 아이들에게 실패가 잘못된 경험이 아님을 알려주어야 한다. 왜 성공만이 정답인가? 내가 살아보니 세상은 객관식 시험지처럼 정답이 있는 것이 아니었다. 아이들은 TV를 보면서 혹은 어른들의 고정관념에 따라서 막연하게 부러움의 대상자를 정하고 그것을 삶의 기준으로 설정한다. 하지만 사회가 만들어 놓은 기준을 정답이라고 생각하는 것은 불행으로 가는 지름길이다. 그 기준에 맞춘다면 인생의 궤도에서 정답으로 가는 사람이 과연 얼마나 될까?

그러니 아이들이 막연히 정한 사회적 기준에 자기의 인생을 놓고서 비교하지 않고 살아갈 수 있도록 도와주자. 절대로 자기의 인생을 실패라고 여기며 좌절하지 않도록 아이의 마음을 단단하게 만들어주는 것이 중요하다. 시험 성적이 좋지 않다고 해서, 뭐 하나 잘하는 게 없다고 해서 아이의 인생은 끝이 아님을 아이들이 알 수 있게 부모는 도와주고 일러줘야 할 것이다.

아이가 열고 싶은 문을 선택하게 하자

내가 좋아했던 웹툰 중에 〈낢이 사는 이야기〉라는 웹툰이 있었다. 그 작품의 에피소드 중에 아직도 기억나는 것은 작가가 인생에 대해 느꼈던 한 토막의 그림이다. 수능을 치르고, 취업을 하고, 결혼을 하는 것을 하나의 '문'을 차례대로 통과하는 것으로 비유한 그림이었는데, 마치 내 생각을 엿본 것처럼 공감이 되었다. 작가가 하고 싶었던 말처럼 우리의 인생은 어떤 '문' 하나만 통과하면 끝나는 것이 아니다. 나의 앞에도 그리고 아이들의 앞에도 수많은 문들이 나타날 것을 나는 안다. 이 문을 다 통과하면 내가 원하는 어떤 대단한 삶이 기다리고 있을까? 나는 이제 그런 기대는 하지 않는다. 저 문을 반드시 통과하면서 살아야겠다는 생각도 없다. 그저 다양한 문들이 있다는 것을 알고, 그 문들을 내가 선택할 수 있는 삶을 살고 싶다. 설령 그 문을 열지 않더라도 다른 문이 있다는 것을 알고 말이다. 인생의 순간마다 하나의 문만 존재하는 것이 아니라는 것을. 수능이라는 문, 취업이라는 문, 결혼이라는 문을 차례대로 통과하는 것이 인생의 올바른 기준이 아니라는 것을, 그 문을 통과해야 하는 시기가 정해진 것이 아니라는 것을 나는 이제야 알게 됐다. 어른들의 경험으로 아이들에게 앞으로 선택해야 할 것들에 대해 함께 이야기해보면 좋겠다. 어차피 아이들이 선택해야 할 몫이지만, 이미 경험한 부모들이 조력자가 되어준다면 아이들이 선택의 기로에 섰을 때 힘을 얻지 않을까 한다. 그러다 보면 그 문을 열지 말지를 선택하는 것은 오로지 아이 자신이라는 것도 알게 될 수 있을 것이다.

유진쌤의 추천 책!

소중한 사람에게

전이수 지음 | 웅진주니어 | 2020

    열다섯 살 화가이자 작가인 전이수 학생의 책 《소중한 사람에게》를 읽노라면 부모의 입장에서 어쩜 아이를 저리 잘 키웠나 싶은 부러움과 동시에 부모로서의 나를 반성하게 된다. 아이가 직접 그린 그림과 글들로 엮어진 책의 맨 뒷부분에는 그림 작업하는 영상이 담긴 QR코드가 있다. 자신의 키보다 큰 캔버스 앞 의자 위에 서서 거침없이 선을 그리고 색을 칠하는 모습에서 교실에 있는 아이들과는 다른 자유로움을 느꼈다. 글을 읽어보면 자신이 어떤 사람인지, 무엇을 좋아하는지, 인생의 가치를 무엇에다 두는지 휘둘리지 않는 단단한 마음을 느낄 수 있다. 아직 덜 자란 어른보다 더 크고 넓은 마음을 가진 어린 작가를 보면서 자기만의 인생을 살아가는 한 사람의 모습을 느껴보자.

세상과 맞서 싸우는 힘을 기르자

나의 목표는 내가 하고 싶은 일을 찾아서 꾸준히 하는 것이다. 어떤 대단한 결과를 바라면서 '일희일비' 하지 않기로 했다. 아이들도 그랬으면 좋겠다. 뭐든지 시도하면서 꾸준히 해보는 사람이 되는 것이 나의 바람이다. '어차피 안 될 거야'라는 생각으로 시작조차 하지 않는 바보가 되지 않았으면 좋겠다. 《싸이퍼》와 《러닝 하이》를 집필한 탁경은 작가와 실제로 만난 적이 있다. 출판사에 많이 기고하는데 늘 거절만 당한다고 하소연 하는 내게 이렇게 말했다.

'내가 틀렸다고 말하는 세상과 계속해서 싸우는 거예요.'

전업 작가로 살고 있는 자신도 글을 쓸 때마다 '이게 맞을까? 내가 잘하고 있는 건가?'라는 두려움이 늘 찾아온다고 했다. 그럴 때마다 자신은 헤밍웨이 같은 대가들의 초라했던 과거를 떠올린단다. 실제로《바람과 함께 사라지다》는 수차례 거절 당했던 작품이었다는 생각을 하면서 다시 힘을 낸다고 했다. 작가님의 그 말은 오래도록 기억에 남아 힘든 순간마다 나를 다시 일으키게 한다.

 누구에게나 두려움은 매 순간 존재한다. 우리 반 아이들도 어느 순간이 되면 그렇게 생각한다. '우리 선생님이니까 저렇게 할 수 있는 거야'라고. 늘 조용하게 생활하는 여학생과 이야기를 나눈 적이 있다. 본능적으로 아이가 '선생님은 나랑 달리 대단한 사람이야'라고 생각하는 게 느껴졌다. 그래서 아이에게 물었다. '선생님이 새벽에 달리기하러 나가는 게 어때 보여? 대단한 것 같아?'라고 물으니 아이는 웃으면서 그렇다고 대답했다. 나는 다시 한 번 물었다. '선생님이 깜깜한 새벽에 일어나서 달리러 나가는 게 무서울 것 같아 아닐 것 같아?' 아이는 나의 예상대로 '아닐 것 같다'고 답했다. 나는 그 이야기에 덧붙였다. '선생님도 무서워, 처음에는 무서워서 진짜 달릴 수 있을까? 하는 고민을 많이 했어. 그런데 막상 해보니 생각보다 해가 금방 뜨더라고. 그렇게 하다 보니 이제는 무섭지 않게 됐어 조금만 뛰다 보면 운동하는 사람들이 보이고, 해도 금방 뜬다는 것을 알게 됐거든 물론 달리기를 위해서 새벽에 일어나는 건 매번 두려워. 달리러 나가는 그 순간까지도 두려운 생각이 들어. 하지만 밖으로 나오는 순간 그런 고민은 사라져.'

모든 것이 그렇다. 내가 해보지 않았을 때에는 두렵기만 하고 막막하기만 하다. 게다가 막상 시도해도 할 때마다 두려움은 몰려온다. '이렇게 추운데 달릴 수 있을까? 유튜브 촬영은 할 수 있을까? 촬영을 하고 나서도 제대로 촬영은 됐을까? 편집을 할 수나 있을까? 내가 과연 원고를 완성할 수 있을까?' 이렇게 두려움은 매 순간 찾아온다. 하지만 나는 그 두려움에 지지 않는 법을 매일매일 배워가고 있다. 그 어떤 방법은 없다. 그저 오늘은 쉴까? 하는 마음에 맞서 매일 싸우는 것 뿐이다.

아이들에게 뭐라도 시도해보기를 권유해보자. 그리고 계속해서 해보기를 응원하자. 꾸준한 시간을 들여야 내가 그 일을 정말 좋아하는지 하고 싶은지를 우선 판단할 수 있을 테니 말이다. 그다음은 그 일을 잘하기 위해서 조금씩 조금씩 더 노력하는 것밖에 없다. 거북이처럼 느리지만 꾸준히 가는 것 말이다.

유진쌤의 추천 책!

실패 도감
오사 마사토 지음 | 고향옥 옮김 |
길벗스쿨 | 2020

그런 의미에서 《실패 도감》이라는 책을 한번 읽어보면 좋을 것 같다. 끊임없이 도전하고 실패한 세계 위인들의 이야기가 만화 형식으로 그려져 부담스럽지 않게 도전하는 것에 대한 새로운 자신감을 가질 수 있다. 그리고 만화 특유의 유쾌함이 위인들의 실패담을 왠지 친근하게 만들어 '실패'가 부정적인 것만은 아님을 알게 한다. 우리는 '실패'라는 말을 싫어하지만 어떻게 보면 삶이란 늘 좌절을 겪고 다시 일어나는 것을 반복하는 과정일지 모른다. 우리가 배워야 할 것은 성공이라는 결과가 아니라 무엇인가를 도전하는 과정에서 겪는 모든 경험임을 아이들이 알았으면 좋겠다.

책 읽기를 통해 유연한 사고를 기르자

미술계의 스타이자 천재였던 피카소는 늘 '아이처럼 그리는 것'이 바람이었다고 한다. 짐작컨대, 그가 바랐던 것은 아이들의 생각처럼 정형화된 틀에 갇히지 않는 자유분방한, 유연한 사고방식이었을 것이다. 아이들을 보고 있노라면 피카소의 말이 한 번씩 떠오른다. 아직은 어린 우리 아이들의 엉뚱한 말과 행동들만 봐도 그렇고, 저학년 아이들의 기발한 대답이나 질문들을 보면 그렇다. 하지만 고학년이 되면서 아이들은 주변의 상황을 파악하는 눈치가 생겨나고 스스로 '정답(?)'이라고 여기는 답이 떠오르지 않으면 입을 닫게 된다.

우리 모두에게 있었던 어린 시절의 무궁무진했던 호기심

과 상상력은 나이가 들어가면서 점점 정형화된 사고의 틀에 갇혀버린다. 사람에 따라 차이는 있겠지만 대부분 나이가 들수록 새로운 사람을 만나거나 새로운 환경에 적응하는 것을 두려워한다. 변화를 추구하기보다는 지금껏 해왔던 대로 그것을 유지하려고 하고, 자기의 생각 역시 그에 따라서 굳어지며 결국에는 내 말만 맞다는 생각을 고수하게 된다. 그런데 나는 이것이 참 무서운 일이라고 생각한다.

우스갯소리로 20대는 20km/h, 30대는 30km/h, 50대는 50km/h 의 속도로 인생이 흘러간다더니 정말 그런 것 같다. 자기의 나이만큼 인생의 속도가 빨라지는 것은 생각이 굳어지는 것 때문이 아닐까 싶다. 생각이 굳어져 간다는 것은 더이상 새로울 것이 없다는 것을 뜻한다. 내가 원하는 것, 내가 보고 싶은 것, 내가 잘 알고 있는 것에 대해서만 생각하면서 살아가니 더이상 새로울 것이 없다. 그런데 문제는 내가 해온 방식과 내 생각만 맞다고 생각하면 발전이 없다는 것이다. 그리고 그런 고착된 사고방식은 생각보다 많은 불행을 낳는다.

뉴스를 보고 있노라면 지금 당장이라도 세상이 망할 것만 같다. 아직도 세계 곳곳에서는 전쟁이 만연하고, 서로 불신과 증오가 가득한 세상에서 묻지마 범죄가 자행된다. 인종 차별, 성차별, 소수자 차별, 종교 차별 등 갈등은 끝나지 않을 것만 같나. 나와 다름에 대한 인정과 소통이 더없이 부족해지고 있는 세상에 대한 우려가 점점 더 커지고 있다.

우리는 늘 배려와 존중에 대해서 배우지만 이를 잘 실천하는 사람은 별로 없어 보인다. 교과서에서 형식적으로 배운 이론들로는 우리 삶을 채울 수가 없다. 왜 그럴까? 그것은 유연한 사고의 부재 때문이다. 어른이 될수록 그것이 너무 부족해진다. 아기는 넘어져도 쉽게 다치지 않는다. 몸이 유연하기 때문이다. 아이들 앞에서는 찬물도 못 마신다는 말처럼 아이들은 스펀지처럼 주변의 것들을 흡수한다. 금방 화내다가도 또 금방 웃는다. 그것은 생각의 유연성 때문이다. 하지만 어른이 되면서 다리 찢기가 잘 되지 않는 것처럼 생각도 점점 굳어진다. 아버지는 왜 생각이 바뀌지 않는 걸까를 탓하고 있다면 내 자식이 나를 향해 그렇게 생각하고 있을지 모른다는 것을 항상 경계해야 할 것이다.

그래서 나는 독서와 여행이 꼭 필요하다고 생각한다. '독서는 앉아서 하는 여행이고, 여행은 걸어 다니는 독서'라는 말이 있다. 정말 공감하는 말이다. 독서와 여행은 우리를 늙지 않게 만들어준다. 초등학교 6학년 국어 8단원은 인물의 가치에 대해 배우는 단원이다. 그 단원을 통해 아이들은 한 사람이 어떤 가치를 갖고 있느냐는 그 사람의 말과 행동에서 드러난다는 것을 배우고, 말과 행동을 통해 그 사람이 가진 가치를 알 수 있다는 것을 배운다. 나는 이 단원을 가르치면서 '가치관'이라는 것이 얼마나 중요한 것인지. 그것을 통해서 우리의 삶이 어떻게 달라질 수 있는지를 가르친다. 나는 특히 한 사람의 가치관은 고정된 것이 아니라 사람의 성장에 따라서 바뀔 수 있는 것임을 일러준다. 그리고 그 가치관을 바꿔주는 계기가 바로 한 권의 책, 한 번의 여행이 될 수 있다고 생각한다.

독서와 여행은 우리를 늙지 않게 만들어줄 것이다. 아기처럼 유연한 생각을 가지게 되는 것이 바로 젊음의 유지 비결이다. 유연한 사고를 가진 사람은 쉽게 흥분하지 않고, 화내지 않는다. 우리 사회에 필요한 인재는 소통의 부재를 메꿔줄 수 있는 허용과 관용을 갖춘 사람이 아닐까?

그리고 유연한 사고는 공부를 할 때도 도움이 된다. 수학 문제를 풀 때 한 가지 공식만을 달달 외워서 푸는 친구들에게는 한계가 찾아온다. 모든 과목을 정해진 방식대로 이건 이렇게, 저건 저렇게 나눠서 공부를 하다 보면 언젠가는 지쳐 나가 떨어지게 될지 모른다. 자연스럽게 공부와 멀어질 것이다. 유연한 사고란 숨 쉴 공간을 마련한다는 것과 같은 이치이다. 차도, 집도 공유하는 시대이다. '이 방법만이 최고야, 절대적이야'라는 생각이 먹히는 시대는 지났다.

오래된 예능프로그램 중에 '당연하지'라고 말하는 게임이 있었다. 상대방의 도발에 흥분하지 않고 평정심을 유지하는 것이 그 게임의 포인트였는데, 재미를 극대화시키기 위해 서로의 치부를 장난처럼 표현하였지만 실제로 많은 인내심이 요구되는 게임이다. 프로듀서의 의도를 정확히 알 수는 없지만 허용과 관용의 태도가 필요하다는 것을 알고 있었던 사람이 아니었을까 짐작해본다. 이 게임과 비슷한 사례로 '그럴 수도 있겠다'라고 말해주는 배우자 덕분에 부부싸움을 잘 하지 않게 됐다는 지인의 말이 떠오른다. 분명 신경이 날카롭게 곤두섰다가도 그 말을 들으면 왠지 화가 사그러 든다고 했다. 그런 태도는 평소 꾸준한 독서를 통해 길러진 유연한 사고 덕분일 것이다. 그런데 우리가 명심해야 할 것은 그런 마인드는 절대 어른이 된다고 해서 자연스럽게 길러지는 것이 아니라는 것이다. 단순히 지식습득을 위해서가 아니라 더불어 사는 세상에서 나와 다른 사람과의 공존을 위해, 좀 더 포용력 있는 어른으로 성장하기 위해, 보다 유연한 사고를 가진 어른이 되기 위해서 우리는 독서를 해야 한다.

지금의 모습이
미래의 모습은 아니다

　아이들의 지금 모습은 절대 미래의 모습을 전부 반영하는 것이 아니다. 요즘 흔한 말로 100세 시대라는 표현을 쓰지만 100년이라는 시간은 결코 짧은 시간이 아니다. 우리는 역사의 한 페이지를 만들어가는 아주 중요한 존재이다.

　학교에서 아이들을 볼 때마다 종종 나의 6학년 시절을 떠올린다. 그때의 나는 과연 이 아이들만큼 잘했을까 떠올리면 그렇지 않다. 옛날의 내 모습과 비교하면 너무도 훌륭한 아이들이다. 물론 어떤 기준에 따라서는 더없이 걱정스러운 아이들도 있다. 하지만 결코 지금의 모습만으로 단정 지을 수는 없다. 동창들 중에서도 마찬가지 아닌가? 학창 시절 전혀 눈에 띄지 않았던 혹은 어쩌면 걱정스럽기도 했던 친구들의 괄목상대한 모습에 한 번쯤은 놀란 경험이 있을 것이다. 반면 그 친구가 그렇게 될 줄이야 하면서도 한껏 기대가 컸던 친구들의 초라한 모습을 본 경험도 있을 것이다. 중요한 것은 지금의 모습을 보면서 걱정하거나 마음 졸이지 말자는 것이다. 반대로 아이의 현재 모습만으로 아무 일 없다고 천하태평 믿고만 있어도 될 일은 아니라는 것이다.

교사로서 부모로서 우리가 아이들에게 바라는 것은 어쩌면 똑같을지도 모른다. 건강한 사고방식을 갖고 무탈하게 자라서 자기 할 일 알아서 잘하고, 더 나아가 누군가에게도 도움이 될 수 있는 그런 존재로 성장한 모습 말이다. 그런 의미에서 우리의 역할은 그들을 나의 '아바타'로 만드는 것은 아닐 것이다. 우리는 단지 '조력자'로서의 역할이 필요할 뿐이다. 조력자는 도움을 주는 사람이다. 우리는 그들의 인생을 좌지우지하는 존재가 아니라 도와주는 역할이라는 것을 명심해야 한다. 그리고 내가 언제나 너를 도와줄 준비가 되어 있다는 신호를 보내야 한다. 정작 그들이 도움을 필요로 할 때 엉뚱한 데에 손 내밀지 않도록 부모가 곁을 내주어야 할 것이다.

과유불급(過猶不及)이라는 말처럼 세상에 아무리 좋은 것이라도 과하면 무용지물이다. 아이들에게 더 주지 못해서 안달이 시만 한 번씩 이 이치를 생각해볼 필요가 있다. 물론 모자라지 않게 그렇다고 부족하지 않게 해주기란 참 어렵다. 그렇기에 정조 임금도 늘 '중용'의 이치를 마음에 담고 살아간 것이 아닐까.

어른이 된다는 건 참 쉬운 일이 아니다. 더불어 부모가 된다는 것도. 한쪽으로만 치우치지 않도록 균형을 맞춘다는 것이 참 어렵다. 살아가는 것이 결국 균형을 맞추기 위해 이리저리 움직이는 중심추 같다는 생각이 든다. 한 살 아기에게도 삶은 전쟁이고, 100세 노인에게도 삶은 전쟁이다. 누구의 삶에도 거저 얻을 수 있는 것은 없다. 세상의 공짜가 없는 가운데, 늘 애쓰면서 아등바등 살자는 것이 아니라 아등바등한 삶 가운데 끊임없이 내 주변에 흔하게 떨어져 있는 세 잎 클로버를 발견하는 사람이 되면 좋겠다. 진부한 이야기라는 것은 알지만 네 잎 클로버만이 인생의 행복이라 여기지 말자. 그리고 아이들에게는 세 잎 클로버를 행복이라고 여길 방법을 구체적으로 알려주자. 그것은 바로 우리가 지금 살아가고 있는 이 모습 현재, 그리고 나 자신의 모습을 그대로 인정하는 것이다.

이미예 작가의 《달러구트 꿈 백화점》에 그런 말이 나온다. "자신의 삶을 있는 그대로 받아들이고 만족하기란 쉽지만 실행하기는 어렵다. 하지만 정말 할 수 있게 된다면, 행복이 허무하리만치 가까이에 있었다는 걸 깨달을 수 있을 것이다." 그의 말처럼 우리가 찾는 인생의 행복은 세 잎 클로버처럼 허무하리만치 매 순간 존재하는 것일지도 모른다. 우리 아이들이 그것을 찾을 수 있도록 도와주자. 행복해서 웃는 게 아니라 웃어서 행복하다는 말처럼 내가 지금 행복하기로 결심한 순간 나는 행복해질 수 있다는 것을 말이다.

유진쌤의 팁

행복 리스트를 만들어보자

〈천사들의 합창〉 주제에 '내가 생각하는 행복이란?' 주제를 제시한 적이 있는데 어떤 아이는 리스트를 만들어서 몇 가지를 써온 반면 모범생 중의 한 명이라고 할 수 있는 아이 한 명은 자기는 행복함을 언제 느끼는지 잘 모르겠다는 글을 써왔다. 그것을 보면서 뭔가 잘못된 것 같다는 것을 느꼈다. '나는 언제 행복하다고 느끼는가?' 나 역시 40년 가까이 살아오면서 이 질문에 대해 진지하게 고민하게 된 것은 불과 몇 년 되지 않는다. 내가 이에 대해 고민하면서 알게 된 사실은 매 순간 행복해질 수 있다는 것이다. 그러기 위해서는 내가 언제 행복함을 느끼는지 알아야 한다. 내가 무엇을 하면서 즐거운지를 알아야 한다. 아이들과 함께 내가 생각하는 행복에 대한 리스트를 써보자. 전혀 특별할 것 없다. 앞서 제시했던 것들처럼 그냥 써보는 것이다. '세줄일기' 어플을 통해서 가족끼리 교환해도 좋고, 가족이 함께 보는 보드판이 있다면 거기에 적어도 좋고, A4용지 한 장 냉장고 앞에 붙여두고 생각날 때마다 써보는 것도 좋다. 여기서 중요한 포인트는 최대한 구체적으로 쓰는 것임을 명심하자.

(예: 달걀노른자가 반숙 상태의 꼬들꼬들한 면발의 끓인 라면, 시험이 끝나고 집에서 넷플릭스 보기 등)

순번	내가 행복함을 느낄 때
1	
2	
3	
4	
5	

순번	내가 행복함을 느낄 때
6	
7	
8	
9	
10	
11	
12	
13	
14	
15	
16	
17	
18	
19	
20	
21	
22	
23	

자기주도학습을 완성하는
초등 습관의 힘

초판 1쇄 인쇄　2022년 5월 20일
초판 1쇄 발행　2022년 6월 10일

지은이　　이유진
펴낸이　　송주영
펴낸곳　　북센스
편　집　　조윤정, 황혜리
디자인　　심심거리프레스

출판등록　2019년 6월 21일 제2019-000061호
주소　　　서울시 마포구 성산로2길 45, 4층
전화　　　02-3142-3044
팩스　　　0303-0956-3044
이메일　　ibooksense@gmail.com

ISBN　979-11-91558-35-7 (13590)

*이 책에 실린 모든 내용은 저작권법에 따라 보호받는 저작물이므로 무단 전재나 복제를 금합니다.
*책값은 뒤표지에 있습니다.